Homme de 55/60 ans.
Taille 1,65 m. Arthrose
sur scoliose vertébrale.
Athérome artériel.
Bandelettage soigné
entièrement conservé.

Homme robuste de 40/45
ans. Taille 1,70 m.
Probablement mort de
bilharziose. Sujet ayant
gardé une bonne partie
de son bandelettage.

3 2 4 9 1 1 1 6

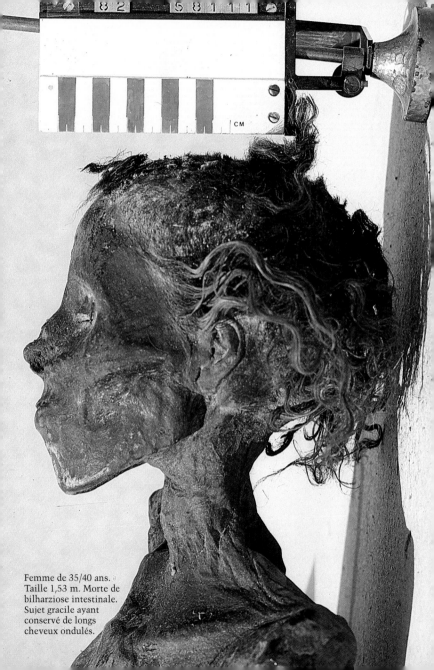

Femme de 35/40 ans.
Taille 1,53 m. Morte de
bilharziose intestinale.
Sujet gracile ayant
conservé de longs
cheveux ondulés.

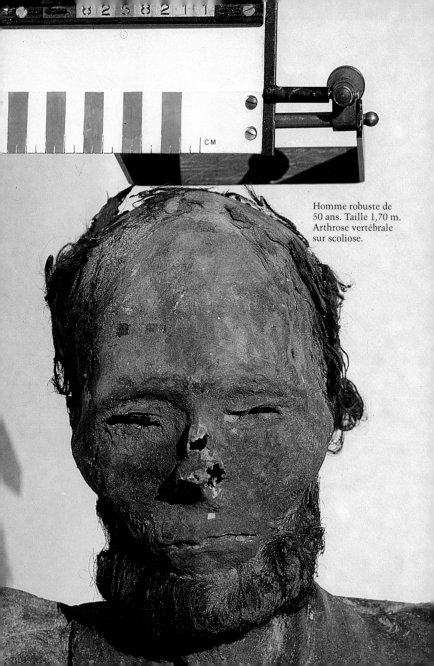

Homme robuste de
50 ans. Taille 1,70 m.
Arthrose vertébrale
sur scoliose.

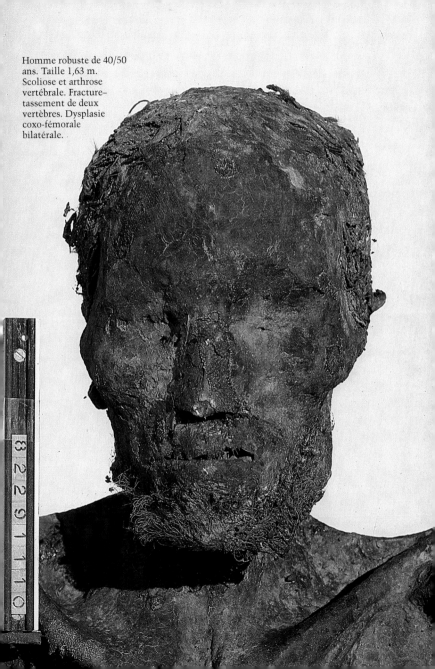

Homme robuste de 40/50 ans. Taille 1,63 m. Scoliose et arthrose vertébrale. Fracture-tassement de deux vertèbres. Dysplasie coxo-fémorale bilatérale.

Homme de 40/45 ans, de forte carrure contrastant avec une taille de 1,51 m. Probablement mort de bilharziose. Arthrose sur scoliose vertébrale.

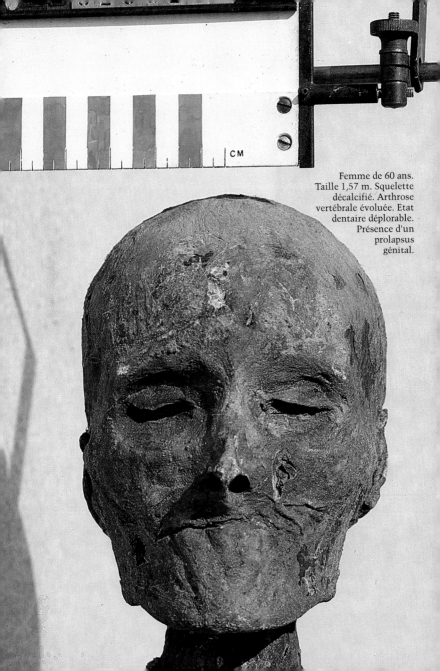

Femme de 60 ans.
Taille 1,57 m. Squelette
décalcifié. Arthrose
vertébrale évoluée. Etat
dentaire déplorable.
Présence d'un
prolapsus
génital.

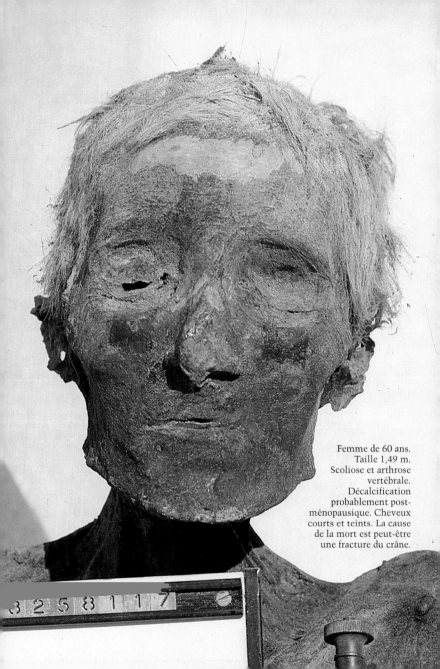

Femme de 60 ans.
Taille 1,49 m.
Scoliose et arthrose
vertébrale.
Décalcification
probablement post-
ménopausique. Cheveux
courts et teints. La cause
de la mort est peut-être
une fracture du crâne.

3 2 5 8 1 1 7

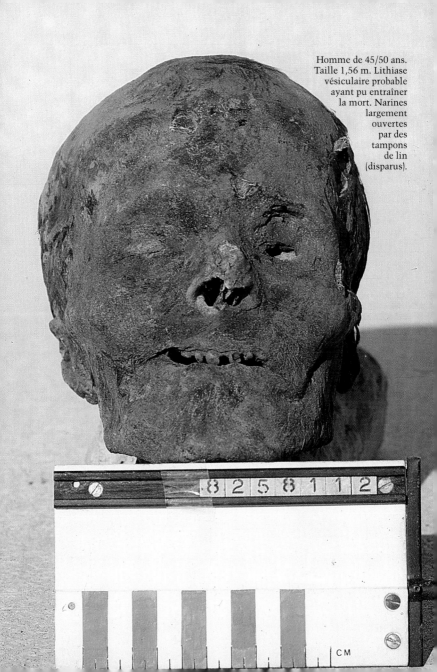

Homme de 45/50 ans. Taille 1,56 m. Lithiase vésiculaire probable ayant pu entraîner la mort. Narines largement ouvertes par des tampons de lin (disparus).

Françoise Dunand est professeur d'histoire des religions à l'université de Strasbourg-II. Agrégée, docteur ès lettres, ancien membre de l'Institut français d'archéologie orientale du Caire, elle a publié plusieurs ouvrages et de nombreux articles sur les pratiques et croyances religieuses de l'Egypte tardive. Depuis 1983, elle est responsable de l'exploration archéologique de la nécropole de Douch, dans l'oasis de Kharga, pour le compte de l'I.F.A.O.

Roger Lichtenberg, docteur en médecine, est chef du service de radiologie à l'Institut Arthur-Vernes, à Paris. Il fait partie de l'équipe scientifique qui a procédé à l'étude de la momie de Ramsès II à Paris en 1976. Depuis 1982, il est chargé de la radiographie et de l'étude anthropologique et paléopathologique des momies de Douch. Il a écrit de nombreux articles sur la radiologie clinique et sur l'étude des momies.

A tous nos collaborateurs du chantier de fouille de Douch et aux ouvriers égyptiens qui nous ont aidés dans l'exploration de la nécropole.

1er dépôt légal : septembre 1991
Dépôt légal : novembre 1993
Numéro d'édition : 67284
ISBN : 2-07-053167-8
Imprimerie Kapp Lahure Jombart, à Évreux

LES MOMIES
UN VOYAGE DANS L'ÉTERNITÉ

Françoise Dunand et Roger Lichtenberg

DÉCOUVERTES GALLIMARD
ARCHÉOLOGIE

Les voyageurs de l'Antiquité avaient été frappés par ce pays étrange qui, disait Hérodote au Ve siècle avant notre ère, «ne faisait rien comme les autres» et conservait à ses morts l'apparence de la vie, alors que, dans le même temps, la Grèce incinérait les siens. Grâce à leurs témoignages et à celui des voyageurs arabes, l'Occident a toujours su que l'Egypte ancienne était le pays des momies.

CHAPITRE PREMIER
LA DÉCOUVERTE DES MOMIES

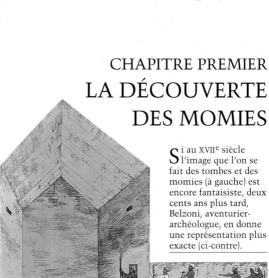

Si au XVIIe siècle l'image que l'on se fait des tombes et des momies (à gauche) est encore fantaisiste, deux cents ans plus tard, Belzoni, aventurier-archéologue, en donne une représentation plus exacte (ci-contre).

Lorsque, au XVe siècle, les premiers Européens, ancêtres de nos modernes touristes, se risquent à visiter les rives du Nil, ils découvrent les momies parmi les «merveilles» de l'Egypte.

Très vite, la mode s'impose de rapporter des souvenirs de voyage : statues, amulettes et, plus étrange, des sarcophages contenant encore leur propriétaire

En 1605, le sieur du Castel achète au Caire une momie et deux sarcophages qui, quelques dizaines d'années plus tard, orneront le cabinet de curiosités du surintendant Fouquet, où les verra La Fontaine :
«[...] L'on a fait d'étrange terre
Depuis peu venir à grand'erre
(Non sans travail et quelques frais)
Des rois Cephrim [Khéphren] et Kiopès [Khéops]
Le cercueil, la tombe ou la bière [...]»
Une identification des plus fantaisistes. A la même époque, le collectionneur aixois Peiresc rassemble des antiquités égyptiennes, parmi lesquelles, bien sûr, des momies. Et le peintre Rubens en possède une lui aussi, dont il a effectué des dessins.

Des momies, on en trouve également dès le XVIe siècle sur les rayonnages des officines d'apothicaires... réduites en poudre sous le nom de «mumia». Un remède réputé infaillible contre toutes sortes de maux. Il s'ensuit un véritable trafic qui, naturellement, conduit à la fabrication de fausse mumia, tant la demande est importante.

En 1798, Bonaparte réalise son rêve oriental. Il obtient du Directoire une armée pour conquérir l'Egypte. Au-delà de l'aventure militaire – qui sera un fiasco –, il a l'idée de génie d'emmener avec lui une cohorte de savants chargés de faire l'inventaire complet des monuments, de la faune et de la flore du pays. Il en sortira le colossal rapport que constitue la *Description de l'Egypte*, publiée de 1809 à 1828. En 1822, dans une lettre datée du 22 septembre à

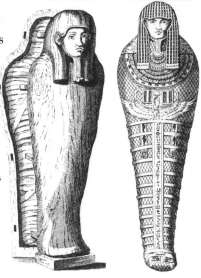

En 1735 paraît une *Description* de *l'Egypte*, la première du genre, établie d'après les mémoires de Maillet, consul général de France en Egypte de 1692 à 1708. Ces deux figures extraites de l'ouvrage (à gauche, un sarcophage en bois ouvert, laissant voir la momie bandelettée; à droite, un cartonnage) traduisent assez fidèlement la réalité. Beaucoup plus fidèlement que les croquis laissés par le sieur de la Boullaye-le-Gouz (à droite), qui n'avait lui séjourné qu'un an en Egypte, vers 1650. Le sphinx, dont seule la tête émergeait du sable, est baptisé Ablehon, une déformation de son nom arabe : Abou el Houl, le père de la terreur.

M. Dacier, secrétaire perpétuel de l'Académie, Jean-François Champollion – qui n'avait pas pris part à l'expédition – annonce qu'il est parvenu à déchiffrer les hiéroglyphes. La terre des pharaons sort de quinze siècles de silence. Ces deux événements marquent le début de l'égyptologie, c'est-à-dire de l'étude scientifique de l'Egypte ancienne.

L'Europe saisie d'égyptomanie

Les motifs égyptisants envahissent le mobilier, les arts décoratifs, l'architecture... Les collections, publiques ou privées, s'enrichissent d'antiquités égyptiennes. Pour répondre à la demande, sur place, les pillages se multiplient. Momies et sarcophages sont expédiés vers l'Europe. Quelques-uns ne survivront pas au voyage. Le sarcophage de Mykérinos gît par le fond en Méditerranée, le navire qui le transportait en Angleterre ayant fait naufrage...

Un soldat de Bonaparte veille au transport d'un sarcophage. Sous Charles X, Léon Cogniet peint cette scène au plafond d'une salle du Louvre, aménagée pour accueillir la collection égyptienne acquise par Champollion.

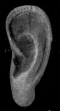

Des savants découvrent l'Egypte

Le 19 mai 1798, 10 000 marins et 36 000 soldats embarquent à Toulon pour l'Egypte. Des savants – mathématiciens, astronomes, ingénieurs civils et ingénieurs des mines, naturalistes...– des dessinateurs et des imprimeurs munis des caractères arabes, grecs et latins les accompagnent. De la qualité de l'eau du Nil au phénomène des mirages en passant par la possibilité de relier la mer Rouge à la Méditerranée (le futur canal de Suez), durant deux ans ils étudient tout de l'Egypte. Mais c'est surtout sur son passé qu'ils se penchent. Parmi les pièces inventoriées figurent de nombreuses statuettes funéraires (*shaouabtis*), dont les hiéroglyphes ont été parfaitement copiés, alors qu'on ignorait encore tout de leur signification. La reproduction d'une oreille provenant probablement d'un masque funéraire procède du même souci d'exhaustivité.

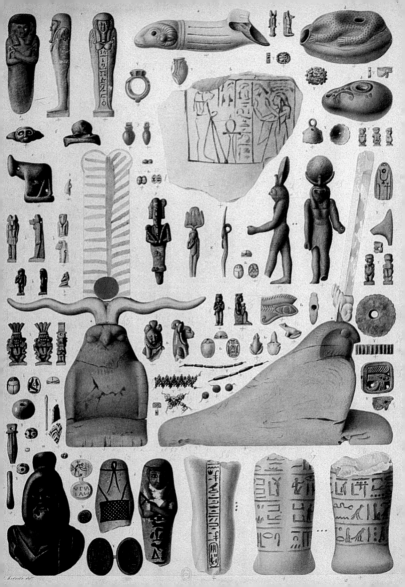

Le plus riche musée de l'Univers

L a monumentale *Description de l'Egypte [...] publiée sur ordre de S. M. l'Empereur Napoléon* (cela figure dans le titre) se veut le bilan complet de l'Egypte au moment de l'expédition de Bonaparte. Il ne s'agit pas seulement de la description des antiquités mais aussi d'un inventaire de la faune et de la flore contemporaines (non dénué d'arrière-pensées économiques), d'une véritable synthèse ethnographique et géographique. Cet ouvrage en douze tomes format grand aigle compte 837 planches et plus de 3000 illustrations; il fallut près de vingt ans pour le mener à bien.

Pourtant, par le biais des donations, beaucoup de ces «objets» d'un genre particulier viendront finalement s'incorporer aux collections des musées.

Les momies «voyageuses» ne représentent toutefois qu'une infime minorité au regard de leurs consœurs restées au pays. Celles-ci n'en sont pas quitte pour autant : les pillards en quête de bijoux et d'amulettes qui auraient échappé à leurs devanciers antiques n'ont aucun scrupule à les dépouiller, voire à les mettre en pièces. Les animaux ne sont pas épargnés. Pendant tout le XIXe siècle, l'Angleterre importe des centaines de tonnes de chats momifiés pour... fabriquer de l'engrais.

L'intérêt pour les momies, d'abord simples objets de curiosité, va progressivement revêtir un aspect plus scientifique. Au cours du XIXe siècle, on prend l'habitude d'organiser des séances de débandelettage, bien souvent encore dans l'unique dessein de collecter quelques objets de valeur.

En 1908, à l'Université de Manchester, Margaret Murray (en tablier) procède à l'examen d'une momie. Il s'agit d'une démarche vraiment scientifique, même si l'examen semble limité à la seule observation clinique. Le sujet, un homme adulte du Moyen Empire (XIIe dynastie), provenait de fouilles tout à fait officielles effectuées par Flinders Petrie en basse Egypte. Depuis 1858, on ne pouvait plus, en principe, ni fouiller ni exporter des objets anciens sans l'autorisation du Service des antiquités de l'Egypte, installé au Caire.

Mais, comme pour donner à l'opération une apparence scientifique, ces séances s'accompagnent parfois d'une description sommaire.

<u>«Je suis encore à me demander [...] si vraiment je ne rêve point, quand je vois et touche ce qui fut le corps de tant de personnages dont on croyait ne jamais devoir connaître que les noms»</u>

«Où je m'étais attendu à rencontrer un ou deux roitelets obscurs, poursuit Gaston Maspero, les Arabes avaient déterré un plein hypogée de pharaons. Et quels pharaons!» Ahmosis Ier; Thoutmosis Ier, II, III; Aménophis Ier; Ramsès Ier, II, III, Séthi Ier... les plus prestigieux pharaons du Nouvel Empire étaient entassés dans une cache, à Deir el Bahari. Il y avait aussi des reines – Nefertari, Hatshepsout et Aahotep –, des princes, des princesses, des dignitaires... Une découverte fabuleuse qui relève de l'enquête policière autant que du conte oriental.

Ramsès II fut en partie dépouillé de ses bandelettes le 1er juin 1886, par Maspero lui-même, lors d'une cérémonie à laquelle assistait Mohamed Pacha Tewfik, khédive d'Egypte.

L'attention des archéologues avait été attirée par l'apparition, depuis une dizaine d'années, de pièces de mobilier funéraire royal sur le marché des antiquités. Maspero, directeur des fouilles, mène l'enquête à Louqsor. On remonte jusqu'à une famille de Gournah (un village près de la vallée des Rois), les Abd er Rassoul, trois frères. Après de multiples péripéties, l'un d'eux finit par avouer et, le 5 juillet

1881, il conduit les archéologues jusqu'à la cachette, dissimulée dans une falaise.

On réalise alors confusément qu'on ne peut pas se comporter à l'égard des anciens maîtres de l'Egypte comme à l'égard de leurs obscurs sujets. Tout ce qui est trouvé sera transporté par le Nil jusqu'au musée de Boulaq. Sur les rives du fleuve, écrit Maspero, «les femmes fellahs échevelées suivirent le bateau en poussant des hurlements, et les hommes tirèrent des coups de fusil comme ils font aux funérailles». A l'octroi du Caire, les momies n'en seront pas moins taxées comme... poisson séché !

En 1898, Victor Loret dégage la tombe d'Aménophis II dans la vallée des Rois. Le pharaon repose encore dans son sarcophage

Une sépulture royale et son occupant, c'est la première fois que l'on fait une telle découverte. A côté du pharaon, son arc, que lui seul pouvait tendre. Les momies de huit rois du Nouvel Empire sont retrouvées dans une chambre latérale du tombeau, puis emmenées au Caire. Aménophis demeure en place. Mais sa quiétude sera de courte durée. La rumeur court que sa tombe recèle encore des trésors. Malgré une garde armée, le pharaon est attaqué et sa momie mise en pièces. L'enquête établira que les gardiens n'étaient pas au-dessus de tout soupçon.

L'exploration archéologique des nécropoles devient plus fréquente et plus systématique. Au début de notre siècle, on explore les grands cimetières d'Abydos, de la vallée des Rois, de Saqqara et de Nubie, ainsi que de nombreuses nécropoles moins

Howard Carter ouvre l'une des quatre chapelles en bois doré, emboîtées les unes dans les autres, contenant la cuve en quartzite dans laquelle étaient placés les sarcophages de Toutankhamon. Le «mannequin» du roi (à droite), un buste en bois stuqué et peint, se trouvait dans l'antichambre de la tombe. On ne connaît pas l'usage exact de cet objet. La tête, assez réaliste, est surmontée du «mortier», coiffure du dieu Amon.

A gauche, le masque funéraire du prince Khaemouset, contemporain de Ramsès II, trouvé à Saqqara.

riches. Ces fouilles apportent une abondante moisson d'objets et de dépouilles humaines ou animales.

On entreprend les premières études anthropologiques, essentiellement sur des corps réduits à l'état de squelette. Dès 1896, les rayons X sont utilisés sur des momies, mais il faudra attendre les années trente pour que cette méthode soit vraiment mise à contribution. Malheureusement, lorsqu'elles ne sont pas celles de pharaons ou de dignitaires, les momies ne sont pas toujours étudiées avec l'attention qu'elles mériteraient.

Durant des années, Howard Carter explore la vallée des Rois, convaincu, envers et contre tous, qu'il y a encore des choses à découvrir. Le 4 novembre 1922, enfin...

Ce jour-là, Carter pénètre dans la tombe, pratiquement intacte, de Toutankhamon, un obscur pharaon de la XVIIIe dynastie finissante. Jamais un égyptologue ne s'était encore trouvé en présence de l'équipement quasi complet d'une tombe royale. Il faudra six ans pour extraire l'ensemble des objets, pour la plupart de très grande qualité. Un débordement de richesses étonnant pour un jeune roi dont le règne très court se situe dans une période troublée. On peut imaginer ce qu'a dû contenir le tombeau d'un souverain aussi puissant que Ramsès II.

«Une journée de merveille digne des Mille et Une Nuits»

Le 17 mars 1939, Pierre Montet, qui depuis dix ans fouille Tanis, découvre la tombe d'un pharaon de la XXIIe dynastie, Chéchanq, le

Shishaq de la Bible. Tanis, gigantesque site du delta oriental, avait été une ville importante à la fin du Nouvel Empire (la Thèbes du Nord). La nécropole royale était située dans l'enceinte du temple d'Amon.

Les sarcophages et le matériel funéraire de plusieurs pharaons de la même dynastie seront par la suite ramenés au jour, notamment ceux de Psousennès I. L'événement, au moins aussi important que l'ouverture de la tombe de Toutankhamon, n'a pas eu le retentissement qu'il aurait dû avoir : le déclenchement de la Seconde Guerre mondiale, quelques mois plus tard, occulte cette trouvaille.

Ce fut la dernière tombe royale mise au jour. Alors que quelque trois cents pharaons ont régné sur l'Egypte, leurs tombes sont loin d'être toutes connues : on a retrouvé environ vingt-cinq hypogées, auxquels s'ajoutent quelques dizaines de pyramides. Très peu de momies pharaoniques nous sont parvenues intactes.

D'autres découvertes ont eu lieu, moins spectaculaires mais d'un intérêt essentiel pour l'égyptologie

Le Service des antiquités de l'Egypte et les missions archéologiques étrangères poursuivent l'exploration des nécropoles. A Saqqara – un site de cinquante kilomètres de long sur trois de large, déjà connu pour

S ymbole de renaissance, un scarabée orne le pectoral de Chéchanq II (ci-dessus). Ci-contre, la plaque en or ayant obturé l'orifice d'éviscération abdominale de Psousennès (à gauche) et ses sandales (à droite), en or elles aussi. Il s'agit à l'évidence d'objets d'apparat, provenant tous de la nécropole de Tanis.

receler à la fois des sépultures très anciennes et de beaucoup plus récentes –, les dernières fouilles ont révélé des tombes de dignitaires du Nouvel Empire. Des nécropoles nettement plus modestes, de toutes époques, sont en cours d'exploration dans la région thébaine (vallée des Reines), dans les oasis du désert occidental (Douch, Balat, Mouzawaga), en moyenne Egypte (Antinoé), au Fayoum et dans le delta. On exhume encore quantité de momies.

    La présence sur de nombreux chantiers d'équipes incluant, au côté des archéologues, des anthropologues, des géomorphologues, des radiologues, des botanistes, etc., permet de mener des études de populations beaucoup plus systématiques que par le passé.

Les fouilles de la nécropole romaine d'Antinoé, au début du siècle. Un nombre considérable de momies ont été exhumées, encore garnies de leurs linges funéraires. Le travail a malheureusement été mené de manière assez peu rigoureuse. Dispersées, parfois même détruites, ces momies n'ont pas fait l'objet d'une étude systématique d'ensemble.

S uite d'opérations complexes, la momification atteint sa perfection durant la XXIe dynastie, vers 1000 avant notre ère, alors que les premiers témoignages de traitement des corps remontent à la IIIe dynastie, autour de 2500 av. J.-C. C'est dire que la maîtrise du procédé fut l'aboutissement d'essais nombreux et souvent infructueux pour conserver au mort l'apparence de la vie.

CHAPITRE II

LA LONGUE MISE AU POINT D'UNE TECHNIQUE

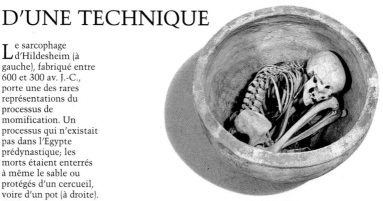

L e sarcophage d'Hildesheim (à gauche), fabriqué entre 600 et 300 av. J.-C., porte une des rares représentations du processus de momification. Un processus qui n'existait pas dans l'Egypte prédynastique; les morts étaient enterrés à même le sable ou protégés d'un cercueil, voire d'un pot (à droite).

Il y a environ 6 000 ans, à l'époque prédynastique, alors que l'Egypte n'était pas encore unifiée, on enterrait les morts dans de simples fosses creusées dans le désert. L'effet dessiccateur du sable assurait au corps une bonne conservation. Le désir de lui apporter une meilleure protection ainsi que les progrès des techniques conduisent, au cours de la première dynastie (3200-2850 av. J.-C.), à construire des tombes beaucoup plus élaborées.

A la fonction de protection s'ajoutent les exigences du culte funéraire, du moins pour le roi et les dignitaires : il faut une chapelle, où seront déposées les offrandes, et des chambres pour entreposer la vaisselle et le mobilier funéraires. Dans ce type de tombe, qu'on appelle mastaba, le corps était placé dans une chambre au fond d'un puits. Dans les tombes plus modestes, il était simplement déposé dans un cercueil en vannerie ou en bois, à l'intérieur d'une fosse à parois maçonnées. Mais, dans tous les cas, soustrait à l'action bénéfique du sable, le cadavre se putréfiait rapidement. Paradoxalement, les perfectionnements destinés à le préserver aboutissaient à sa destruction. Il a fallu chercher d'autres solutions pour garder au corps son intégrité.

« Ginger » est un bon exemple de momification spontanée. Cet homme mort vers 3200 av. J.-C. a été retrouvé à Gebelein, dans le désert. On pense que la découverte de corps ainsi préservés par le sable a pu donner aux Egyptiens l'idée que les morts survivaient et les a conduits à imaginer des techniques de conservation du corps. Dès cette époque, le défunt est entouré de vases d'offrandes ou d'objets d'usage quotidien.

Les tâtonnements des débuts

On a d'abord imaginé de bandeletter le corps, ce qui eut pour effet de l'isoler un peu plus du milieu ambiant. D'autant que les bandelettes étaient souvent enduites de résine pour lui conserver sa forme.

A la fin de la IIIe dynastie (2700-2620 av. J.-C.), on commence à enlever les viscères abdominaux. On en a la confirmation indirecte par l'apparition de récipients en pierre destinés à contenir ces viscères : les vases canopes. On découvre également les vertus du natron, un mélange naturel de chlorure et de carbonate de sodium, pour déshydrater les tissus. Les viscères de la reine Hetepheres, épouse de Snefrou (premier roi de la IVe dynastie et père de Khéops), ont été retrouvés dans une boîte en albâtre à quatre compartiments, noyés dans le natron.

Les résultats restent toutefois, dans l'ensemble, encore médiocres pour les momies de l'Ancien Empire (2700-2200). Le bandelettage, en revanche, devient assez élaboré, imitant parfois les vêtements de la vie quotidienne. Les traits du visage sont peints sur la surface du suaire enveloppant la tête. Dans certains cas, on affine la technique en enduisant les tissus d'une couche de plâtre, de façon que le corps garde sa forme et ses reliefs; ce procédé sera assez tôt abandonné.

C'est Champollion qui a découvert l'usage des vases canopes (ci-dessus), en examinant leur contenu (au-dessous). Tout à l'excitation de sa trouvaille, il a jeté sur le papier quelques notes : «Tissu fibreux [...]/ Odeur animale/Trouvé au fond du vase/ L'objet imprégné et recouvert d'une épaisse couche de baume/ Enveloppé simplement dans la toile [...]/ C'est du foie, du cerveau ou du cervelet.»

Progressivement, l'éviscération et la dessiccation par le natron se généralisent

Ces procédés semblent courants au Moyen Empire (2060-1785 av. J.-C.) et les résultats s'améliorent : nombre de momies de cette période nous sont parvenues. Ainsi, celle de Wah, dignitaire de Montouhotep III, qui était enveloppée dans une quantité considérable de tissu : 375 m². Mais pour des préparations «bon marché», on se contente du sable.

C'est vraisemblablement le traitement qui a été appliqué aux soldats de Montouhotep, retrouvés à Deir el Bahari.

De cette époque datent les vestiges d'instruments et de produits d'embaumement utilisés pour un certain Ipy, les plus anciens qui aient été retrouvés à ce jour. Il était sans doute nécessaire de placer

Quelques instruments utilisés pour la momification et les funérailles : le couteau employé pour l'incision abdominale, le récipient destiné à faire pénétrer la résine dans le crâne, l'herminette, dont la fonction purement symbolique est de rendre le souffle au défunt au cours du rite de «l'ouverture de la bouche».

près de la tombe les «résidus» de la momification, suceptibles de contenir des parcelles de l'individu décédé.

Au Nouvel Empire (1580-1090 av. J.C.), avec l'avènement de la XVIIIᵉ dynastie, des progrès importants sont effectués, qui nous valent de nombreuses momies, souvent de bonne qualité. Beaucoup de nos connaissances concernant la momification à cette période viennent de l'observation des momies royales, qui ont naturellement été l'objet du meilleur traitement.

 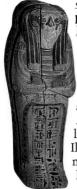

«Voici comment [ils] procèdent à l'embaumement le plus soigné»

Grand voyageur, historien et ethnologue avant l'heure, Hérodote, qui vivait en Grèce il y a plus de 2 400 ans, nous a livré dans ses *Histoires* une description de la fabrication d'une momie. Il est bien informé, les études modernes confirment pour l'essentiel ce qu'il écrit.

Séthi Iᵉʳ au moment de sa découverte à Deir el Bahari. La momie est très bien préservée, attestant la maîtrise à laquelle étaient parvenus les embaumeurs du Nouvel Empire. Les bras sont croisés devant la poitrine en position dite osirienne. De même époque, à gauche, un coffre à canopes surmonté d'une statue d'Anubis, le dieu de la momification, et décoré de motifs montrant le défunt en prière. Les vases canopes sont placés sous la protection des quatre fils d'Horus, représentés ici sur le couvercle (de gauche à droite) : Amset garde le foie, Hapi les poumons, Douamoutef l'estomac et Qebehsenouf les intestins.

Deux ou trois jours après le décès, le corps était apporté aux embaumeurs qui, d'emblée, extrayaient les viscères en pratiquant une incision abdominale au niveau du flanc gauche. Le foie, l'estomac, les intestins, enfin les poumons étaient enlevés. Le cœur était en règle générale laissé à sa place, car il importait qu'il ne soit pas séparé du corps : il était censé être le siège des sentiments, de la conscience et de la vie – il tenait la place qu'on accorde actuellement au cerveau. Les autres viscères – reins, rate, vessie, organes génitaux féminins – ne faisaient généralement l'objet d'aucun traitement particulier.

L'ablation du cerveau est une amélioration du Nouvel Empire. A l'aide d'une tige de bronze enfoncée par la narine gauche, l'embaumeur effondrait la lame criblée de l'ethmoïde (l'os séparant les fosses nasales de l'étage antérieur du crâne) et procédait ainsi à l'extraction du cerveau. Puis, en principe, il injectait de la «résine», liquéfiée par la chaleur, dans la cavité crânienne. Ce produit, dont on ne connaît pas exactement la composition, se solidifiait rapidement.

Le corps était recousu, nettoyé, puis couvert de natron (non pas en solution, comme le laisserait supposer l'expression «bain de natron» souvent employée, mais sous forme solide), de façon qu'il se déshydrate. Une opération qui, selon Hérodote, ne demandait pas moins de soixante-dix jours. En fait, il semble bien qu'il s'agisse là du temps nécessaire à l'ensemble des opérations de momification. Restait à laver le corps déshydraté avec de l'eau du Nil puis à l'oindre de baumes divers destinés à lui rendre une certaine souplesse et à lui donner une «bonne odeur». Il était ensuite placé sur un lit funéraire en forme de lion (léontomorphe). On pouvait alors habiller le défunt.

Extraite du *Voyage à Méroé* de Frédéric Cailliaud (1826-1827), la gravure ci-dessus représente une momie d'époque tardive (l'inscription est en grec). L'orifice d'éviscération, au flanc gauche, est bien visible, comme sur la momie du bas, plus ancienne.

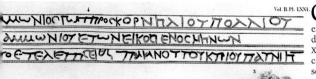

Ce sarcophage anthropomorphe en bois richement décoré, datant de la XXIᵉ dynastie, était celui d'une prêtresse : son nom et sa qualité sont inscrits sur le couvercle. Le masque, à l'emplacement de la tête, est assez stéréotypé : ce n'est pas un portrait. Soigneusement enveloppée de ses linceuls et de ses bandelettes, la momie était encore en place.

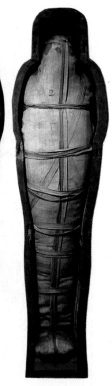

«Pour toi viennent les plantes qui sortent de la terre, le lin et les végétaux régénérants. Elles viennent à toi sous forme d'un suaire précieux, elles te préservent sous forme de bandes, elles te font grandir sous forme de linge...» (Rituel d'embaumement)

Le bandelettage était régi par un rituel très strict consigné dans des livres dont s'aidaient les embaumeurs. A chacune des étapes, l'officiant devait réciter les formules d'incantation prévues.

On commençait par les doigts, qui étaient bandelettés un à un, puis par les membres, habillés eux aussi séparément avant d'être enveloppés dans de grands linceuls maintenus en place par des bandelettes plus larges. Les bras restaient allongés le long du corps, ou étaient croisés sur la poitrine, en position dite «osirienne». On finissait par la tête.

L'ensemble des bandelettes était parfois badigeonné de résine. Entre les différentes couches, on plaçait des amulettes. On a découvert cent quarante-trois amulettes et objets sur la momie de Toutankhamon. A l'époque romaine encore, la momie d'un simple particulier en recelait une quarantaine.

Désormais, le corps était protégé : «Salut à toi, mon père Osiris! Je posséderai mon corps pour toujours, je ne me corromprai pas, je ne me désintégrerai pas, je ne serai pas la proie des vers; j'existe, je suis vivant, je suis fort, je me suis éveillé en paix, il n'y a pas de destruction dans mes viscères, ni dans mes yeux, ma tête n'a pas été enlevée de mon cou [...], mon corps est permanent, il ne périra pas, il ne sera pas détruit en ce pays à jamais.» (Livre des Morts.) Placée dans un cercueil, la momie était rendue à la famille. Les funérailles pouvaient commencer.

Cette momie de bébé, trouvée dans le même sarcophage que celle de sa mère, porte plusieurs colliers de verroterie. Protection ou simple décoration? Les amulettes (ci-contre), déposées en général entre les couches de linges funéraires, ont, elles, pour fonction de protéger : le pilier Djed aide le mort à se redresser, la croix ansée lui assure le souffle de vie, l'œil Oudjat symbolise les biens qui lui seront donnés dans l'au-delà...

«Pour qui demande l'embaumement à prix moyen et ne veut pas trop dépenser, [et] pour les plus pauvres»

La momification «la plus soignée» coûtait très cher. Aussi existait-il, selon Hérodote, deux autres catégories de momification plus expéditives, et donc meilleur marché. Pour la deuxième catégorie, on se contentait d'injecter par l'anus une huile qui dissolvait les viscères avant de placer le corps dans le natron. Quant à la dernière catégorie, elle comportait seulement un lavage du corps et la dessiccation par le natron. On a décelé à l'intérieur de certaines momies des restes de viscères plus ou moins décomposés.

De même, le bandelettage était plus ou moins soigné : les doigts n'étaient pas enveloppés séparément ; les tissus, qui représentaient la plus grosse dépense, étaient de moindre qualité, ou bien, ils n'étaient pas fabriqués pour la circonstance, comme c'était l'usage pour un embaumement de première catégorie, mais récupérés...

Durant la XXIe dynastie (1085-950 av. J.-C.), on tente d'améliorer la présentation du corps

Par des incisions, on insérait sous la peau de l'argile, de la sciure de bois ou encore des tissus, de façon

Un fouilleur a prétendu reconnaître en cette momie, très dégradée, Thaïs. Héroïne d'un célèbre roman d'Anatole France, Thaïs avait été prostituée à Alexandrie. Convertie par le moine qu'elle avait fait le pari de séduire, elle finit saintement sa vie dans le désert.

Le défunt est sur le traîneau funéraire, tiré par des bœufs. Son épouse et ses proches l'accompagnent.

à rendre au visage et au corps une certaine rondeur. Les orbites étaient parfois comblées par des oignons, voire des prothèses en verre ou en bois. Les résultats ont été plus ou moins heureux...

Au début du Ier millénaire avant notre ère, la momification se généralise, ce qui entraîne le recours de plus en plus fréquent aux méthodes les plus simples. On peut, dans cette mesure, parler de déclin. Déclin très relatif, car on trouve encore des momies de facture parfaite.

On continuera à momifier après l'arrivée des Grecs puis des Romains. De nombreux étrangers résidant en Egypte adoptent même cette coutume. Et contrairement à l'opinion courante, le travail reste très souvent de bonne qualité. Certes, on a retrouvé de nombreuses momies de cette époque mal confectionnées, reflet de la négligence des embaumeurs et probablement de la modicité des coûts. Certaines ne sont que des «sacs d'os», ici les membres sont disloqués, consolidés avec des tiges de palmier, là ils ont disparu. Mais dans le même temps, d'autres momies témoignent d'un souci marqué d'apporter le plus grand soin à l'apparence. On élabore des bandelettes très compliqués, formant des dessins géométriques, et décorés de stuc.

Des momies chrétiennes

L'extension du christianisme en Egypte, à partir du IIIe et surtout du

Dans l'Egypte romaine, le masque funéraire est souvent remplacé par un portrait en bois peint (à gauche). Sur certaines momies de bonne facture, on peut voir des feuilles d'electrum appliquées à même la peau. La «dorure» du visage (ci-dessus) ou des membres est une pratique divinisante, l'or étant la «chair des dieux». Un soin particulier est apporté à l'habillage des défunts aisés. Des bandelettes très élaborés, en losange notamment, font leur apparition. Souvent, un linceul peint (ci-contre à droite, celui d'un enfant) se substitue au sarcophage et au cartonnage. «La brodeuse» d'Antinoé (à l'extrême droite) n'était pas bandelettée mais simplement enveloppée de tuniques et de châles à décor tissé. L'usage de vêtements de la vie quotidienne tranche avec la coutume de l'époque pharaonique.

IVᵉ siècle apr. J.-C., ne met pas un terme à la momification. On peut penser que la conservation du corps était compatible avec la croyance chrétienne en la résurrection et il n'existe aucune trace d'un quelconque interdit des autorités ecclésiastiques concernant cette pratique.

Peu de momies chrétiennes ont été étudiées. Celles qui l'ont été semblent avoir subi un traitement légèrement différent du traitement classique. Une nouveauté : on prend l'habitude d'ensevelir le défunt dans ses vêtements de tous les jours ou dans des vêtements d'apparat plutôt que dans des linceuls.

Les hommes de la Place pure

A l'origine, la momification était effectuée sous une tente ou une structure légère, près des nécropoles. Cette tente abritait la table d'embaumement sur laquelle on éviscérait le corps. A basse époque, lorsque le nombre des corps à traiter est devenu très important, ces structures provisoires ont été remplacées par des constructions permanentes en briques. Les Egyptiens appelaient ces établissements la Place pure, *Ouabet*, ou la Belle Maison, *Per-nefer*. La momification n'avait-elle pas pour objet de purifier et de diviniser le corps, puisque le défunt devenait un Osiris ?

Le personnel chargé de la momification formait une catégorie hiérarchisée. Le «contrôleur des mystères» et le «prêtre lecteur» avaient la responsabilité religieuse des opérations. Ils sont souvent représentés dans leur activité d'embaumeur, portant un masque en forme de tête d'Anubis, le dieu de la momification. Ils avaient à leur disposition des livrets où étaient inscrites les opérations à suivre et les formules incantatoires. Ils supervisaient des techniciens spécialisés dans chacune des phases du travail. Pour l'époque tardive, on est assez bien renseigné sur l'organisation de ce personnel funéraire.

L'embaumeur est penché sur la momie qui repose sur le lit funéraire léontomorphe. Il porte le masque d'Anubis, le dieu à tête de chacal «inventeur» de la momification. L'un des rares masques de ce type qui nous soient parvenus est en terre cuite peinte et comporte deux orifices aménagés au niveau des yeux du porteur.

Dernière étape du séjour terrestre : le transport jusqu'à la nécropole. Sur ce papyrus d'époque ptolémaïque, la momie est placée dans une sorte de coffre, sur une barque elle-même posée sur un chariot à roues traîné à bras d'homme – une nouveauté introduite à la fin de l'époque pharaonique. Immédiatement en avant du char, un prêtre portant un encensoir.

Les *paraschistes* étaient chargés de pratiquer l'ouverture d'éviscération avec un couteau d'obsidienne, avant que les *taricheutes* ne commencent les opérations de dessiccation par le natron. Le corps était ensuite confié aux *nécrotaphes*, qui s'occupaient du transport et de l'inhumation. Des prêtres, appelés *choachytes* à basse époque, tenaient le rôle d'ordonnateurs des funérailles. C'est à eux qu'il revenait d'assurer ensuite le service des offrandes, dans le cadre du culte funéraire.

Tous les artisans étaient organisés en corporations. Ils possédaient leur charge, qu'ils pouvaient vendre ou transmettre à leurs descendants ou à des tiers. Chacun avait l'exclusivité d'une part de la population d'une ville ou d'un village, ce qui avait pour résultat une véritable sectorisation des nécropoles... et de fréquents conflits autour des corps.

Les hommes de la Place pure étaient rétribués par les dons en nature – et plus tard, à basse époque, également en argent – qu'effectuait la famille du défunt. Bien que leur rôle ait été important, ils ne jouissaient probablement pas d'une position élevée dans la société. Ils semblent avoir été tenus de résider hors la ville : le caractère spécial de leurs activités explique pour une grande part cette prescription.

La barque rappelle que les morts devaient en principe traverser le Nil pour rejoindre les nécropoles situées à l'ouest du fleuve, dans le désert. On en a trouvé de nombreuses maquettes (ci-dessous) dans les tombes du Moyen Empire.

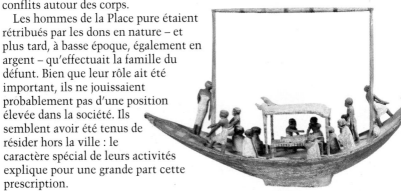

« Tu seras comme Rê, te levant
et te couchant éternellement.»
La mort, dans l'Egypte ancienne, est
un passage vers la deuxième vie.
La momification prépare le défunt,
homme ou animal, à ce séjour éternel
dont on ne revient jamais.

CHAPITRE III

VERS L'IMMORTALITÉ

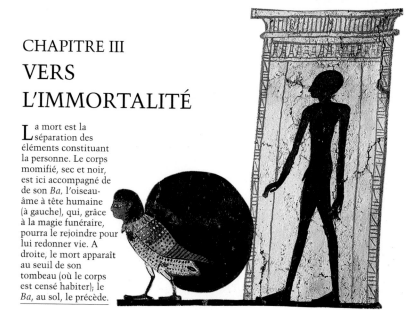

La mort est la séparation des éléments constituant la personne. Le corps momifié, sec et noir, est ici accompagné de de son *Ba*, l'oiseau-âme à tête humaine (à gauche), qui, grâce à la magie funéraire, pourra le rejoindre pour lui redonner vie. A droite, le mort apparaît au seuil de son tombeau (où le corps est censé habiter); le *Ba*, au sol, le précède.

L'être vivant est constitué d'un support matériel, le corps, auquel sont liés des éléments immatériels : le *Ba*, qui correspond approximativement à l'âme, ou à la personnalité; le *Ka*, que l'on peut traduire par «double» ou «énergie vitale»; et d'autres encore. La mort est la séparation de ces différents éléments.

«Tu marcheras sur tes jambes jusqu'à la demeure d'éternité, tes mains pourront porter pour toi jusqu'à la place de la durée infinie» (Livre des Morts)

Pour que commence la deuxième vie, il faut que le corps puisse se réunir avec les éléments spirituels qui l'animaient. Il doit donc être préservé. A chacune des étapes de la momification, des formules magiques rassurent le mort sur l'intégrité de son corps. Sa destruction était un risque très grave : c'était la mort définitive. Cette crainte est peut-être à l'origine de la pratique qui, dès l'Ancien Empire, consiste à placer dans les tombes des rois et des nobles des répliques du défunt – statues ou «têtes de réserve» – pour remplacer, par magie, le corps détruit, ou mal conservé.

On pourrait penser, compte tenu de l'importance des pratiques et des monuments funéraires, que les Egyptiens n'accordaient que peu de valeur à la vie. Au contraire, à toutes les époques, ils l'ont considérée comme le bien le plus précieux : «Ton bonheur a plus de poids que la vie future», dit une inscription funéraire du Nouvel Empire.

La mort apparaissait à la fois comme un simple passage séparant deux vies et comme un terme, comme l'accès à

Animal du marais – le marais primordial, à partir duquel tout est né –, la grenouille symbolise la perpétuation de la vie.

Sur ce décor peint de la tombe de Thoutmosis III (à droite), le pharaon emprunte la barque solaire, sur laquelle le soleil traverse l'«océan céleste», le ciel. Dans l'autre vie, il rejoint l'astre-dieu, il s'identifie à lui. Au registre supérieur, des babouins, animaux de Thot, adorant le soleil, et des divinités funéraires en prière; en bas, le soleil levant sous forme d'un scarabée dans sa barque.

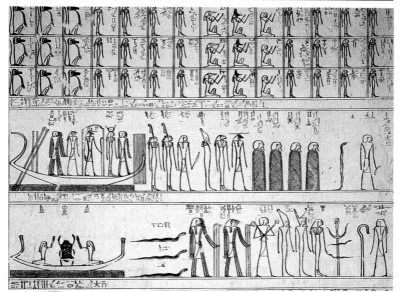

«l'endroit dont on ne revient jamais». Sous l'Ancien Empire, l'autre vie est encore imaginée de façon assez imprécise. Le roi a une destinée privilégiée. Selon le mythe stellaire, il va rejoindre les «étoiles fixes» (circumpolaires) et vivre parmi les dieux auxquels il s'identifie. Selon les croyances solaires, il accompagne le soleil dans sa course à travers «l'océan céleste» et participe de la renaissance quotidienne de l'astre. Pour les hommes du commun (sur lesquels nous avons très peu d'informations), la seconde vie est probablement vue comme le simple prolongement de la vie terrestre.

Durant la Première Période Intermédiaire (2300-2065 av. J.-C.), époque de troubles,

Les statues funéraires (à gauche) et les têtes de réserve (ci-dessus) ont pour fonction de remplacer le mort si la momie venait à se dégrader. Les statues portent le nom du défunt : inscrire son nom, c'est le faire vivre.

les gouverneurs de provinces se veulent l'égal du pharaon. La classe dirigeante, qui prend de plus en plus de poids, revendique les prérogatives royales en matière d'immortalité. Un nombre croissant d'individus bénéficie alors de la momification et des formules religieuses, à l'origine exclusivement royales, destinées à assurer cette immortalité. Beaucoup cherchent à se faire enterrer à Abydos, où les rois des premières dynasties s'étaient fait construire des cénotaphes, auprès du principal tombeau d'Osiris. Ou, à défaut, ils y déposent une stèle de façon à bénéficier de la protection du dieu des Morts.

Au Nouvel Empire, les particuliers s'approprient les mythes royaux. On retrouve ainsi sur le sarcophage d'une femme, Taneteret, la barque solaire précédée par des Anubis.

Le défunt et son épouse jouissent de l'éternité : devant eux, une table chargée d'offrandes et un jeu de sénet, jeu très prisé des Egyptiens. Lui est mort, elle non. Ici ou là, la vie semble la même.

«Je suis complet, justifié et jeune, car en vérité je suis Osiris, le Seigneur de l'Eternité» (Livre des Morts)

Les conceptions sur l'au-delà prennent leur forme définitive au Nouvel Empire. Le monde des morts est vu désormais comme un séjour souterrain sur lequel règne Osiris. Celui-ci incarne à la fois la fonction royale, la force qui préside à la végétation et à la perpétuation de la vie. Il

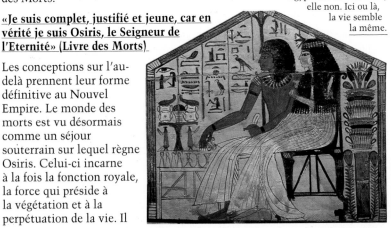

a lui-même connu mort et résurrection, c'est à ce titre qu'il est le dieu des Morts.

Selon le mythe le plus répandu, Osiris, qui régnait sur l'Egypte avant les premiers rois dynastiques, aurait été tué et dépecé par son frère Seth, puis ramené à la vie par son épouse Isis, dont il aurait eu un fils, Horus. Vainqueur de Seth, Horus serait monté sur le trône d'Egypte, tandis qu'Osiris serait allé régner sur le monde d'en bas. Le sort du dieu, mort puis ramené à la vie, va devenir un modèle pour tout défunt. Par la momification, le corps préservé est identifié à celui du dieu, ce qui fait du mort un Osiris.

Immédiatement avant la mise au tombeau, le corps momifié, inclus dans son sarcophage,

Osiris en majesté est représenté avec ses attributs traditionnels : couronne Atef, sceptres à crochet et en forme de fouet, vêtement en forme de linceul. Ses bras sont croisés sur la poitrine, comme le seront souvent ceux des momies. Le dieu accueille dans l'au-delà le défunt qui va devenir un Osiris.

Encore sur son lit funéraire, Osiris reconstitué s'apprête à féconder sa sœur-épouse Isis, qui a pris la forme d'un oiseau. De cette union naîtra Horus, le protecteur de la fonction royale (un roi vivant est un Horus, un roi mort est un Osiris). Le second oiseau s'identifie à Nephthys, sœur d'Isis.

dressé devant la porte de la tombe, se voit restituer le «souffle de vie» par le rite de l'ouverture de la bouche. Ramené ainsi magiquement à la vie, et après avoir reçu les offrandes alimentaires, il est déposé dans la tombe, sa «demeure de millions d'années».

Commence alors pour le défunt la deuxième vie, représentée désormais avec beaucoup plus de précision qu'aux époques précédentes. Conduit par Anubis, le gardien du royaume des morts, il subit l'épreuve du Jugement en présence d'Osiris en majesté. Il lui faut réciter la double «confession négative», qui consiste à se déclarer innocent de toute une série de fautes contre les dieux et contre l'humanité en général, ainsi que d'un certain nombre de forfaits précis :
«Je n'ai pas faussé le poids de la balance,
je n'ai pas retiré le lait de la bouche des enfants,
je n'ai pas privé le bétail de sa pâture,
je n'ai pas détourné l'eau en sa saison.»

Ensuite a lieu la «pesée du cœur», ou *psychostasie*. Le cœur doit être aussi léger qu'une plume sur le plateau de la balance – la plume symbolise Maât, incarnation de la vérité et de la justice. La gueule à demi ouverte, Ammit la Mangeuse, un animal

Un prêtre procède à l'ouverture de la bouche sur la momie, avant l'inhumation. La porte du tombeau (à droite de la scène) ouvre sur l'escalier menant au caveau; l'oiseau-âme du défunt s'y promène. Sa femme pleure... Le mort est encore dans le monde réel.

fantastique, est prête à dévorer le défunt si le cœur s'avère trop lourd, si ses méfaits l'emportent sur ses bonnes actions. Ce serait la deuxième mort, définitive celle-là. Thot, le dieu de la Sagesse et de la Science, enregistre le résultat de la pesée en présence d'Osiris et des dieux qui l'accompagnent.

Le mort, appelé dès lors «justifié», peut entreprendre son voyage dans le monde souterrain

Pour ce voyage, il a un guide, le Livre des Morts : un rouleau de papyrus déposé dans le cercueil, sur la momie, ou dans une boîte constituant le socle d'une statue d'Osiris. Ce papyrus est illustré de vignettes qui sont comme une cartographie de l'au-delà. On y voit des canaux, des lacs, des chemins, des portes gardées par des génies armés de couteaux..., un monde peuplé de créatures effrayantes. Le mort doit connaître les formules qui lui permettront de franchir ces obstacles, et d'arriver enfin au séjour des bienheureux.

La seule présence de ce livre au côté de la momie devait assurer au défunt la survie éternelle. D'autres livres funéraires à caractère plus théologique étaient réservés aux tombes royales, dont ils constituaient le décor : le Livre des Portes, le Livre des Cavernes, le Livre de ce qui est dans la Douat (séjour des morts).

L'âme a rejoint le corps. Conduit par Anubis, le mort accède à l'autre monde tel qu'il était, vivant (en blanc). Là, il doit affronter le jugement d'Osiris : confession négative, pesée du cœur (ci-dessus)... Opet, la déesse-hippopotame, et Hathor, la déesse-vache sortant de la montagne de l'Occident où se trouve la tombe (en bas à droite), veillent sur le défunt.

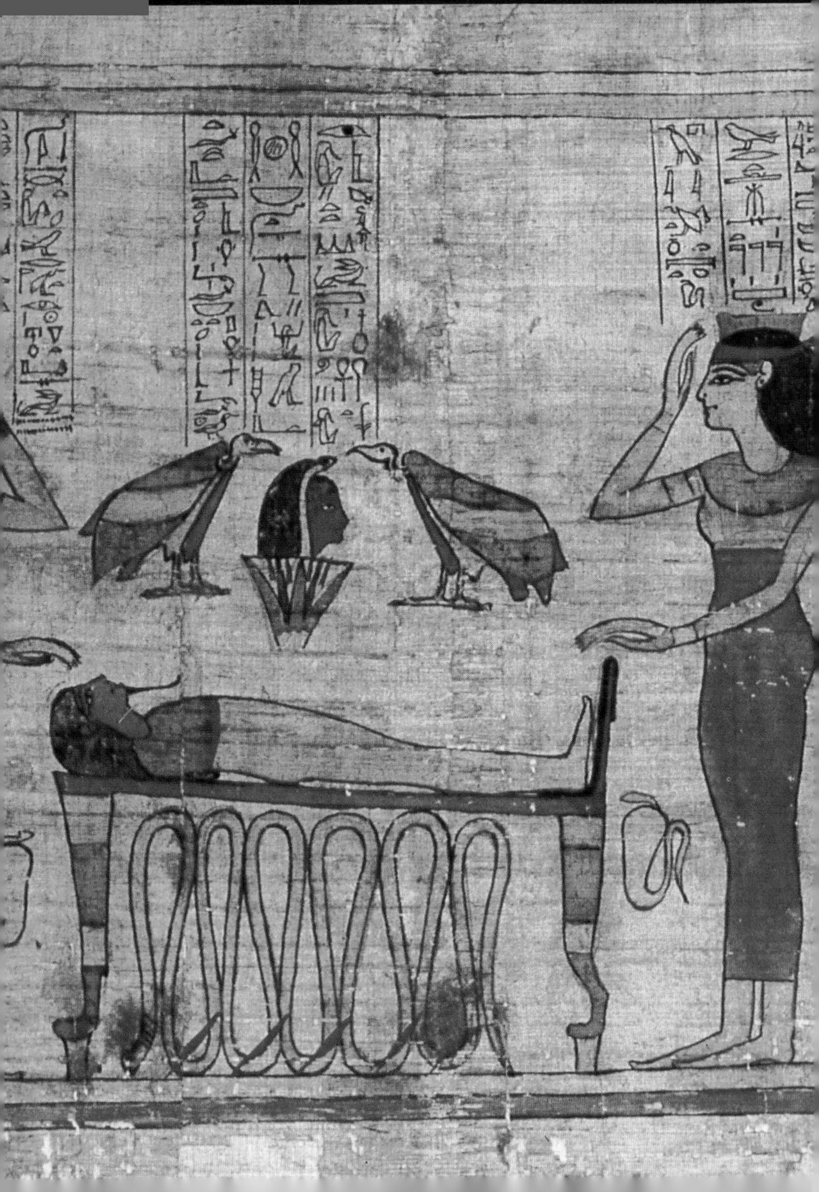

Apparu au Nouvel Empire, le Livre des Morts rassemble des traditions très anciennes. Certaines, par l'intermédiaire des Textes des Sarcophages inscrits sur les parois des sarcophages au Moyen Empire, remontent aux Textes des Pyramides. Ceux-ci étaient gravés sur les parois des chambres funéraires des pyramides royales à partir de la Ve dynastie (2500 av. J.-C.). D'abord réservés au roi, ils vont être modifiés et leur usage va s'étendre progressivement à tous.

❝ J'ai acquis ce champ [...]. Ici je mange, je bois et je festoie, ici je laboure et je moissonne. ❞
(Livre des Morts)

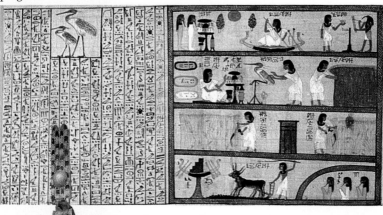

Les animaux aussi...

Des sépultures humaines abritaient des momies d'animaux : un babouin dans la tombe d'une prêtresse thébaine de la XXIe dynastie; dans des tombes plus modestes, des chiens, des chats, des oiseaux... Probablement des animaux familiers que leurs propriétaires ont voulu garder auprès d'eux dans l'au-delà. Certains avaient leur propre sarcophage. On a retrouvé à Memphis le sarcophage en calcaire de la chatte favorite

Même traitement pour les animaux que pour les humains... et mêmes différences. Pour preuve, ces deux momies de faucon (à droite), l'une joliment bandelettée, avec un masque, l'autre plus simple. Pour preuve aussi, ce sarcophage richement décoré, surmonté d'une statue de faucon portant la couronne à hautes plumes d'Horus (à gauche). Parfois, le sarcophage épouse la forme de l'occupant. Mais tous les animaux momifiés n'ont pas droit à ce luxe.

du prince Thoutmosis, fils aîné d'Aménophis III, avec l'inscription : «L'Osiris Ta-miat la Justifiée.»

Si les animaux pouvaient eux aussi être momifiés, c'est qu'ils étaient parfaitement intégrés à la vie des hommes, et que les Egyptiens ne voyaient pas de différence fondamentale de nature entre l'homme et les animaux.

La divinité pouvait s'incarner dans des formes aussi bien animales qu'humaines

Les cultes d'animaux ont toujours existé sur les rives du Nil. La forme que revêt la divinité a, dans certains cas, changé avec le temps, sans que sa puissance en soit altérée. Ainsi, le faucon Horus, très ancienne incarnation du pouvoir royal, peut être représenté à l'époque historique sous la forme de l'oiseau ou sous celle d'un homme à tête d'oiseau. En revanche, le taureau Apis, à Memphis, le bélier de Mendès ou celui d'Eléphantine ont conservé pendant toute la durée de la civilisation égyptienne leur forme animale.

Considérés comme des dieux vivants, ces animaux étaient tout naturellement voués à l'immortalité et donc momifiés. Ils étaient uniques. Il n'y avait qu'un seul Apis, que l'on reconnaissait à des critères très précis : des marques sur son pelage. Il possédait son temple, où il recevait un culte, et son enclos sacré, où il vivait et où les fidèles venaient le voir. A sa mort, il était momifié selon un rituel analogue à celui dont bénéficiaient les hommes. Sa dépouille était déposée dans un gigantesque sarcophage de granit, placé primitivement dans une tombe individuelle puis, aux périodes tardives, dans un vaste hypogée collectif – le fameux Serapeum de Saqqara. A proximité se trouvait la nécropole des Vaches Sacrées Mères d'Apis, retrouvée récemment.

Dieux vivants aussi, le taureau Mnevis à Héliopolis, le taureau Boukhis à Ermant, le bélier de Mendès ou celui d'Eléphantine, dont le culte et le rituel funéraire étaient assez semblables à ceux d'Apis. Ou encore Sobek, le dieu-crocodile vénéré au Fayoum et à Kom Ombo. Ses temples abritaient des élevages de crocodiles sacrés, et il se peut que l'un d'eux ait été considéré comme l'image du dieu. C'est ce que décrit Hérodote : «Ces deux provinces [Thèbes et le Fayoum] nourrissent chacune un crocodile dressé et apprivoisé. On lui met des boucles d'oreilles, des bracelets aux pattes de devant, on lui donne des aliments sacrés», bref, il mène une vie de prince !

Et Strabon, quatre siècles plus tard, confirme encore : «Le crocodile sacré est nourri dans un lac à part, les prêtres savent l'apprivoiser et l'appellent Soukos [*Sobek* en égyptien]». Mais au Fayoum, l'image cultuelle était une momie de crocodile.

Les ibis ont été momifiés par milliers. A gauche, un dessin de momie d'ibis dans ses enveloppes et, à côté, un récipient en céramique contenant plusieurs oiseaux.

Représentation vivante du dieu Montou, le taureau Boukhis reçoit des offrandes du pharaon Ptolémée V Epiphane. Une inscription de cette stèle funéraire provenant de la grande nécropole des Boukhis nous donne l'âge au décès de l'animal-dieu : 13 ans 10 mois et 28 jours.

Certaines espèces étaient en relation avec des dieux : le chat avec Bastet, l'ibis avec Thot, comme le cynocéphale...

On a retrouvé, regroupées dans des nécropoles, des centaines de milliers de momies d'ibis ou de chats, par exemple. On pense qu'il s'agit de véritables ex-voto, que les pèlerins achetaient pour offrir aux dieux. Le temple de la déesse Bastet à Bubastis et celui du dieu Thot à Hermopolis possédaient des élevages de chats ou d'ibis sacrés qui fournissaient ce «matériel» d'offrandes. Il semble bien, en effet, que les animaux étaient mis à mort dans ce but. Une pratique qui a pris une grande extension à partir du Ier millénaire.

Un cas un peu différent est celui d'une momie de grenouille trouvée dans une tombe du village de Douch (oasis de Kharga), entre les cuisses d'un homme adulte momifié et émasculé. Il s'agit d'un rappel du mythe osirien, dont une version indique que, lors du démembrement d'Osiris, son sexe jeté dans le Nil aurait été dévoré par des poissons. La momie de Douch avait les bras croisés, en position osirienne traditionnelle. La présence de la grenouille, symbole du renouvellement de la vie, affirme la croyance en la vie future du défunt, dont le corps même se modèle sur celui du dieu.

De la momie bandelettée au corps desséché, différents stades du déshabillage d'un bélier provenant de la ville d'Eléphantine, dont le dieu principal était un dieu-bélier, Khnoum.

« Comme tu es bien pourvu, habitant de l'autre monde!»
Pour permettre au défunt de vivre dans l'au-delà, les Egyptiens plaçaient dans les tombes des offrandes, parfois de grande valeur, dont l'existence a provoqué le développement d'une véritable spécialité nationale : le pillage des sépultures. Bien peu y ont échappé, des plus riches aux plus modestes.

CHAPITRE IV
DU MYTHE DE LA VIE ÉTERNELLE À LA DURE RÉALITÉ

Une réalité que le défunt continue d'observer grâce aux yeux peints sur son sarcophage (Moyen Empire). A gauche, la chambre du roi dans la Grande Pyramide, telle qu'on la représente au début du XIXe siècle; La cuve de granit a été trouvée vide.

L'importance des monuments funéraires et de leur contenu a pu faire dire que les Egyptiens consacraient l'essentiel de leurs ressources à l'établissement de leur «demeure d'éternité». La construction des sépultures royales en est l'illustration la plus évidente. Une énergie incroyable et des richesses considérables ont été consacrées à l'édification des pyramides ou au creusement des hypogées de la vallée des Rois, sans oublier les temples funéraires (temple de la vallée de Khéphren, Ramesseum, Médinet Habou...). Pour les particuliers, les dépenses apparaissent proportionnellement tout aussi importantes.

Caractéristique du Nouvel Empire, la tombe de Sennedjem (ci-dessous) est une hypogée, avec des superstructures complexes : une petite pyramide surmonte la chapelle funéraire, précédée d'une porte en façade de temple. Un puits profond avec encoches pour faciliter la descente conduit aux salles souterraines.

L'architecture de la tombe a relativement peu varié au cours des siècles, s'ordonnant autour de quelques types

Ces types sont adaptés à la topographie locale et au degré d'opulence du propriétaire. Si à toutes les époques on retrouve les simples fosses, on observe en revanche une certaine évolution en ce qui concerne les sépultures plus complexes. Les mastabas se rencontrent à l'Ancien et au Moyen Empire, tandis que, dès la fin de l'Ancien Empire, apparaissent les tombes rupestres. Les tombes à superstructure pyramidale, dont les formes les plus achevées sont les pyramides royales

Deux types de sépulture royale : en page de gauche, la pyramide de Khéphren (IVᵉ dynastie); ci-contre, le mastaba de la reine Merneith (Iʳᵉ dynastie) à Saqqara.

de l'Ancien Empire (telles celles des pharaons Khéops, Khéphren et Mykérinos), se retrouvent au Nouvel Empire, à une échelle beaucoup plus modeste, parmi les sépultures privées; elles seront de nouveau adoptées à Méroé, par les rois kouchites. Enfin, à partir du Nouvel Empire seulement, on observe des tombes à chapelle.

La tombe est l'habitat du mort. Il y poursuit son existence selon un mode différent, dans un monde où règne la magie

Il suffit qu'y soit représenté ce qui était son environnement pour qu'il continue d'en jouir. C'est le sens des images traditionnelles qui montrent le défunt assis devant une table chargée de victuailles. Les scènes de chasse ou de travaux des champs,

Au début du XIXᵉ siècle, des aventuriers n'hésitent pas à descendre au plus profond des hypogées pour y récupérer sarcophages et objets de valeur. Sur ce dessin épigraphe, le sculpteur marseillais Jean-Jacques Rifaud, qui a passé quarante ans de sa vie en Egypte, montre comment il a pu extraire un sarcophage d'une tombe de Gournah.

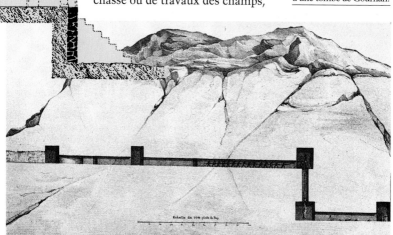

Echelle de 100 pieds de Roi

quant à elles, peuvent être interprétées de manière semblable, ou bien comme de simples évocations de la vie réelle.

Dans le même esprit, les morts sont toujours représentés jeunes, en pleine possession de leurs moyens. C'est particulièrement vrai pour les pharaons, qui d'ailleurs entreprenaient très tôt après leur avènement la construction de leur tombe. Les maquettes évoquant les diverses activités

La décoration des tombes royales (ci-dessus) est d'inspiration esentiellement religieuse, laissant peu de place à la réalité alors que dans les tombes des particuliers, la vie quotidienne est davantage présente. Une scène classique : la défunte devant sa table d'offrande, ici chargée de pains.

de la vie quotidienne et les modèles de maison – maison d'âme –, très fréquents dans les sépultures de particuliers au Moyen Empire, rappellent également que le mort continue de «vivre».

«Les offrandes et les provisions seront faites, consistant en pain, bière, viande, volailles et encens» (Livre des Morts)

La vie dans l'au-delà est assurée par les offrandes alimentaires. Le défunt retrouve également autour de lui des objets qui font partie de l'environnement naturel des Egyptiens : objets de toilette, vêtements et tissus, vaisselle de céramique ou de pierre, armes – l'arc d'Aménophis II, ou les armes de Toutankhamon –, instruments spécifiques des divers métiers (palettes de scribe, papyrus médicaux, navettes ou fusaïoles de tisserand...) et jusqu'à des jouets.

Certains de ces objets lui ont réellement servi – c'est souvent le cas –, d'autres n'ont qu'une fonction funéraire et d'apparat. Le char doré trouvé dans la tombe de Toutankhamon n'a, à l'évidence, jamais été utilisé.

Enfin, la tombe abrite tout un mobilier à usage rituel

Ce sont les vases canopes, destinés à contenir les viscères momifiés, dont l'usage se développe surtout à partir du Moyen Empire. Ou le *shaouabti*, une figurine momiforme faite de bois, de pierre ou de fritte glaçurée (sorte de faïence), qui apparaît à la même époque. A partir du Nouvel Empire, on prend

« **O** siris X [le nom du défunt]! Reçois ton millier de toutes choses bonnes et pures dont les hommes se nourrissent. Reçois le cuisseau et le gigot, les pièces de viande qui proviennent de la salle d'abattage du dieu» (texte de sarcophage). Les aliments subissent une préparation avant d'être offerts; à gauche, un panier de gigots momifiés. Le mort retrouve aussi ses objets quotidiens (ci-dessus, un miroir), et des maquettes évoquent son cadre de vie.

l'habitude d'en déposer jusqu'à plusieurs centaines auprès du défunt (par exemple, un pour chaque jour de l'année, plus quelques contremaîtres chargés de les encadrer...). Ils constituent la troupe des serviteurs du mort, à la place duquel ils sont censés travailler dans l'au-delà.

On appelle sans doute à tort «concubines du mort» les figurines féminines nues, aux caractères sexuels exagérés, que l'on trouve à partir du Moyen Empire et jusqu'à l'époque romaine, aussi

« Si un tel est requis pour faire une des corvées qui se font là-bas, Présent! diras-tu.» Cette formule du Livre des Morts explicite le rôle des *shaouabtis* – les serviteurs du mort (ci-dessus et en bas) –, des figurines hautes de quelques centimètres à plusieurs décimètres pour les personnages importants. Souvent, la formule est inscrite sur l'objet, comme pour lui rappeler ce pourquoi il est là. Certains ont droit à un petit sarcophage individuel, à l'image de celui du défunt. Les dieux gardiens des viscères figurent sur le décor des coffres à canopes (à gauche).

bien dans les tombes des femmes que dans celles des hommes ; leur rôle est probablement de favoriser l'exercice des fonctions sexuelles dans l'au-delà.

La momie est protégée de plusieurs enveloppes, plus ou moins élaborées, en fonction de la richesse du défunt

Il y a d'abord le sarcophage, qui peut être en pierre dans les tombes de notables, mais qui est le plus souvent en bois, soit sous la forme d'une caisse soit anthropoïde. Son décor a beaucoup varié au fil des siècles. Il comporte des textes rituels (Textes des Sarcophages au Moyen Empire) et biographiques, indiquant le nom du défunt, ses titres, ses activités..., ce qui permet l'identification de leur occupant. On y retrouve aussi des scènes mythologiques.

A l'origine, le sarcophage était une simple caisse nue, en bois ou, pour le pharaon et quelques notables, en pierre, aux parois parfois très épaisses (un sarcophage en pierre pouvait peser plusieurs tonnes). Dans la seconde moitié du IIe millénaire, les parois se couvrent de motifs symboliques et de textes funéraires, tandis que le nom du défunt est gravé sur le couvercle. La forme change elle aussi, reprenant souvent plus ou moins

A l'intérieur du sarcophage, un deuxième cercueil anthropoïde, généralement en bois, sera remplacé à partir de la XXIIe dynastie (IXe siècle av. J.-C.) par un cartonnage : une enveloppe faite de tissu ou de papyrus enduits de plâtre et de stuc, décorée à l'extérieur de motifs aux couleurs vives souvent rehaussés de dorures. Dans la grande majorité des cas, les formes du corps sont à peine évoquées, tandis que le visage, encadré d'une lourde perruque, est souvent expressif, sinon personnalisé. Certains défunts très

grossièrement celle de l'occupant. Qu'ils soient en pierre ou en bois, les sarcophages ont été quasiment tous ouverts ou percés avant l'arrivée des archéologues.

Tamoutnéfret, chanteuse d'Amon, était manifestement une dame de qualité : sa momie possédait trois cercueils anthropomorphes richement décorés – bandeaux de texte sur la face extérieure du couvercle, divinités funéraires sur les côtés. Une déesse aux bras ailés enveloppe la défunte dans un geste de protection. Les textes doivent permettre au défunt de goûter la vie éternelle. Ainsi, Ounefer, scribe royal, s'adresse au dieu des Morts : «O mon seigneur Osiris [...], j'étais un homme honoré par son père, loué par sa mère, aimable pour ses frères. Je n'ai point fait ce que tu détestes sur la terre. Donne-moi de l'encens pour le séjour d'éternité, de l'eau pour ma tombe à l'occident.» A Edfou, une «femme de bien, dame bienfaisante [...], épouse du général et frère du roi», demande «que sa maison soit stable, que ses biens demeurent à leur juste place, que ses enfants demeurent après elle sur terre, éternellement.»

riches bénéficiaient d'un troisième cercueil, notamment les pharaons, qui possédaient en plus un masque d'or pur (ceux de Psousennès et de Toutankhamon nous sont parvenus). Enfin apparaissait la momie, enveloppée de ses linceuls et de ses bandelettes.

Bien entendu, seuls les personnages très aisés pouvaient s'offrir l'ensemble de ces enveloppes. Beaucoup d'autres ont dû être inhumés sans même un sarcophage ou un cartonnage, simplement habillés de leurs linceuls et bandelettes. Nombre de momies ne portaient, à basse époque, qu'un masque en stuc doré et peint ou, à partir de l'époque romaine, un portrait peint sur bois et inséré dans les bandelettes

Les linceuls peints de l'époque romaine, relativement rigides, couvrent intégralement la momie bandelettée. Un décor classique montre le mort, en pied, présenté à Osiris par Anubis (ci-contre). C'est une scène que l'on trouve dans le Livre des Morts, mais ici le défunt est en costume gréco-romain, alors que les dieux ont gardé leur aspect traditionnel.

Au temps des Ptolémées (IIIᵉ siècle av. J.C.), les cartonnages se présentent sous forme de plaques fixées directement sur les linges funéraires (ci-dessous). Ces plaques comportent toujours un grand collier floral, placé sur la poitrine, et une «boîte à pieds». L'ensemble est décoré de motifs funéraires et de signes protecteurs. Les fleurs sont symbole de régénération, de renouveau.

au niveau du visage. Certaines étaient enveloppées d'un grand linceul peint. Quant aux plus pauvres, ils n'étaient pas même momifiés.

Ainsi parée pour l'éternité, la momie va demeurer dans sa «maison de millions d'années». Restait à la protéger des agressions des hommes.

Des morts qui nous regardent

La présentation du défunt momifié devient plus réaliste dans l'Egypte romaine, comme s'il s'agissait de le reconnaître au premier coup d'œil... A cette époque apparaissent les portraits de momie (encore appelés «portraits du Fayoum») peints sur bois ou sur toile avec des cires colorées (à l'encaustique) ou avec des couleurs fixées à l'aide d'un liant (*a tempera*). Certains ont une expression saisissante. On peut observer des types de visage très divers, reflet d'une population cosmopolite. Ces portraits, qui ne relèvent d'aucune tradition égyptienne, évoquent les portraits romains de Pompéi. On trouve encore des masques (ci-dessus), mais de style bien différent des masques égyptiens «classiques».

ΑΡΤΕΜΙΔΩΡΕ·ΕΥΨΥΧΙ

Du sarcophage à la chemise

Les portraits sont insérés dans les bandelettes ou dans le cartonnage – c'est le cas pour la momie d'un certain Artémidoros (à gauche), trouvée dans le cimetière romain d'Hawara (son nom est inscrit en grec sous le collier de fleurs). Souvent, la momie est couverte d'une résille de perles de couleurs, en faïence ou simplement peinte sur le cartonnage. Plus tard, à partir du IVᵉ siècle apr. J.-C., on prend l'habitude d'habiller les morts de vêtements qu'ils ont portés durant leur vie. Certains sont très bien conservés et de remarquable facture. On est bien loin des sarcophages égyptiens classiques (ci-dessous, celui de Madja, Moyen Empire).

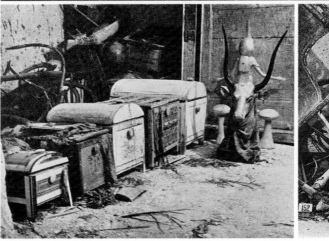

Que sont les momies devenues?

Le pillage des tombes a débuté très tôt. Et très tôt on voit se développer des moyens de protection de plus en plus élaborés, à la mesure des richesses déposées auprès des morts. La compétition acharnée entre les astuces des architectes et la ruse des voleurs s'est perpétuée des premières dynasties jusqu'à la fin de la civilisation égyptienne.

Les pharaons se sont fait construire des tombes monumentales, abritant un mobilier somptueux. Comme l'«attaque» directe d'une pyramide n'était pas une chose très aisée et ne pouvait se faire pratiquement qu'avec la complicité des gardiens, ce n'est qu'à la faveur de l'affaiblissement du pouvoir central et des troubles qui ont marqué la Première Période Intermédiaire que les pyramides ont été ouvertes. Une entreprise qui n'a pas dû être facile en raison des dispositifs de sécurité internes : herses, faux corridors, entrée cachée, souvent scellée par des blocs de pierre, etc. Aucune pyramide n'a été trouvée inviolée, et les archéologues ont pénétré dans des chambres funéraires quasiment vides.

Au Nouvel Empire, pour des raisons religieuses mais aussi de sécurité, les pharaons abandonnent la pyramide, trop «voyante», pour l'hypogée. On creuse

L'exploration des hypogées de la région d'Alexandrie a révélé un type de tombeau associant les colonnes carrées égyptiennes et le fronton des temples grecs.

En grande partie inviolée, la tombe de Toutankhamon avait pourtant été «visitée» peu après l'inhumation du roi. Les voleurs, interrompus dans leur besogne, ont laissé pêle-mêle le matériel funéraire. L'aspect de la tombe lors de sa découverte (ci-dessous) donne une véritable photographie d'un pillage antique en cours. Les empreintes de pas d'un des voleurs sont même visibles sur un coffre (à droite).

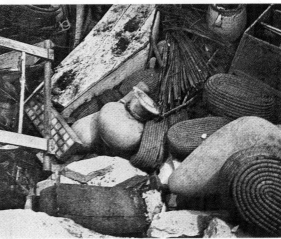

Bien souvent, les pillards n'ont laissé derrière eux que des corps dépouillés de leurs parures. Une enquête menée sous Ramsès IX aboutit à plusieurs arrestations. Les coupables avoueront être allés «voler dans les tombes suivant [leur] habitude», avoir ouvert les sarcophages et les cercueils d'un roi et d'une reine, dérobé les amulettes, les bijoux et toutes sortes d'objets précieux, et «mis le feu à leurs cercueils». Leur déposition est consignée sur un papyrus dont certains fragments nous sont parvenus (ci-dessus).

dans la montagne thébaine (vallée des Rois, vallée des Reines...) de vastes tombes souterraines dont la construction, du moins au début, est menée secrètement, et dont l'entrée est en principe dissimulée. En dépit de la présence d'une garde permanente censée dissuader les voleurs, ces tombes ont été pillées comme les précédentes. Puits profonds, corridors en impasse, sarcophages de granit très lourds, difficiles à percer... n'ont rien empêché.

On a des preuves de ces pillages, par les comptes rendus (fragmentaires) d'un procès engagé contre des pillards sous le règne de Ramsès IX (XXe dynastie). On ne peut rien affirmer, mais certains éléments troubles dans la déposition des voleurs laissent penser qu'ils disposaient de complicités en haut lieu, peut-être même de celle du chef de la police de la nécropole.

Au cours des années qui suivent, les violations de sépultures se multiplient, notamment, dans la vallée des Rois, celles de Séthi Ier et de Ramsès II. Ce qui conduit les grands prêtres d'Amon (entre 1050 et 950 av. J.-C.) à regrouper en secret les momies pharaoniques des XVIIIe, XIXe et XXe dynasties dans des caches qui ne seront découvertes qu'à la fin du XIXe siècle. Naturellement, la plupart de ces momies avaient été dépouillées de leur parure funéraire et ont dû être bandelettées de nouveau lors de leur réinhumation.

Plus près de nous, on a retrouvé à Douch, dans une tombe de l'époque romaine, une lettre datant du siècle dernier concernant une fourniture de foin pour un âne! Un voleur négligent. Ailleurs, l'intrus s'est fait piéger, écrasé par une pierre de la voûte et c'est son squelette que l'on a découvert au milieu des momies.

Opération de sauvetage et non plus pillage, la tombe de Toutankhamon a été vidée avec force précautions, certaines pièces étant restaurées sur place. Le trésor est aujourd'hui dans son intégralité au musée du Caire.

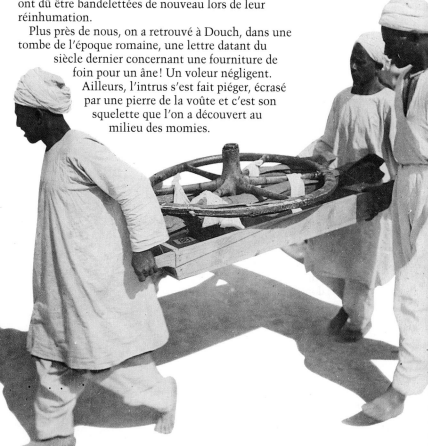

La tombe complètement pillée que peint Wilkinson vers 1830 (à droite) correspond assez bien au tableau qui se présente actuellement aux archéologues lorsqu'ils ouvrent un caveau : la tombe 20 de la nécropole de Douch (à gauche) offre un incroyable entassement de corps, mobilier et linges funéraires.

Les tombes privées ont été elles aussi pillées...

Si on pouvait s'attendre au pillage des sépultures royales, dont la richesse était connue, on aurait pu espérer que celles des particuliers échappent à la rapacité des voleurs. Or, les tombes privées, même les plus pauvres, ont été en règle générale visitées, et ce dès l'antiquité. L'enquête menée sous Ramsès IX montre que toutes les tombes civiles inspectées avaient été violées.

On pourrait s'étonner que les Egyptiens, qui passent pour avoir été très religieux, n'aient pas hésité à priver les morts des moyens de vivre dans l'au-delà. Sans doute la tentation était trop forte, surtout dans les périodes de difficultés économiques, pour des gens ayant juste de quoi subsister. Plutôt que de voleurs de métier, il s'agissait souvent d'artisans et de paysans travaillant à proximité des nécropoles. Ces pratiques ont continué jusqu'à notre époque, alimentant le marché noir des antiquités et détruisant un matériel archéologique

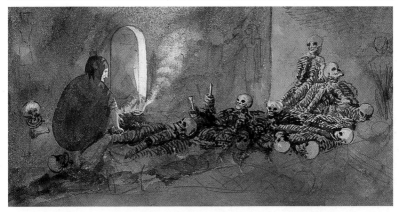

irremplaçable. C'est pourquoi, la plupart du temps, les archéologues trouvent des tombes dévastées.

... et les sépultures anciennes réutilisées

C'était une pratique assez courante, au moins à l'époque tardive. Il est en effet fréquent de retrouver, remplis de momies entassées, des caveaux à l'évidence édifiés pour un seul occupant et sa famille.
Un procédé qui entraînait en général la détérioration des premiers occupants. Même des tombes de reines ont connu cet outrage.

L'exemple venait de haut : les pharaons, dieux vivants, se sont permis de «récupérer» des sarcophages, du mobilier funéraire, voire des tombes. Un lion à tête humaine de Tanis ne porte pas moins de trois inscriptions pharaoniques différentes. Psousennès, pharaon de la XXIe dynastie était installé dans le sarcophage d'un dignitaire de la XIXe dynastie.

Débandelettées, dépouillées, souvent extraites de ce qui devait être leur «demeure des millions d'années,» bien des momies n'ont pas survécu à ces tribulations.

Dans les rues du Caire, au XIXe siècle, des revendeurs à la sauvette proposaient aux touristes des statuettes, des amulettes et des bijoux. Il existait de véritables réseaux pour les pièces plus importantes qui étaient écoulées par des antiquaires ayant pignon sur rue.

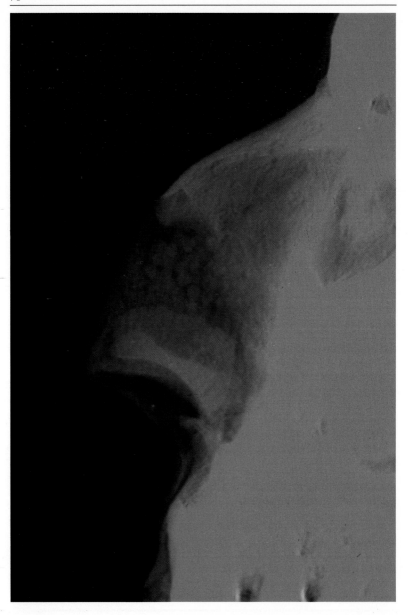

La naissance de l'égyptologie a progressivement renouvelé l'intérêt pour les momies. De sujet de curiosité ou de matière première pour la pharmacopée, elles sont devenues objet d'étude. Ainsi beaucoup ont été sauvées des pillages. Les archéologues ont aujourd'hui le souci de préserver ce matériel humain irremplaçable. La technique les y aide.

CHAPITRE V

SOUS L'ŒIL DU SAVANT

Le nez de Ramsès II, radiographié de profil et restitué en fausses couleurs, montre des grains identifiés comme du poivre, un conservateur mis là par les embaumeurs. Ce qui apparaît comme un os, à la base de la narine, est en fait un tampon de résine destiné à retenir les grains.

Les séances de débandelettage, organisées tout au long du XIXᵉ siècle comme de véritables spectacles – plutôt morbides – auxquels était convié un public choisi, n'avaient pas grand caractère scientifique. Les choses changent avec la sensationnelle découverte de la cache de Deir el Bahari, en juillet 1881. On réalise alors que l'on doit avant tout préserver ces momies illustres, et donc changer la façon de les étudier – ce que l'on appelle le protocole d'étude (elles ont, malgré tout, été débandelettées de façon plutôt expéditive). Elles seront déposées au musée de Boulaq puis, en 1902, transférées au nouveau musée, au Caire.

Les débandelettages seront désormais assez souvent suivis d'une autopsie plus ou moins complète, qui apporte peu à peu des renseignements sur la momification et sur certaines maladies ou accidents identifiables sur les restes momifiés.

En 1895, W. C. Röntgen découvre les rayons X et, le 8 novembre, il réalise la première radiographie jamais obtenue : celle de la main de sa femme (le temps de l'exposition a été d'une demi-heure !). Cette découverte lui vaudra le premier prix Nobel de physique, en 1901. W. M. F. Petrie perçoit l'importance de cette nouvelle technique et, dès 1896, il fait radiographier des momies.

L'égyptologie dispose enfin d'un moyen non destructif d'exploration des restes humains momifiés : la radiologie

Toutefois, la faible puissance de l'appareillage radiologique interdit encore toute autre exploration que

Dans la seconde moitié du XIXe siècle, la science prend le pas sur l'amateurisme. Mace (ici en train de nettoyer une pièce), dégage les tombes des premières dynasties. En 1858, Mariette, le découvreur du Serapeum de Saqqara, fonde le musée de Boulaq (au centre), où seront regroupées les collections. Et pour tenter de mettre fin au pillage, il crée la Direction des fouilles – le futur Service des antiquités de l'Egypte – dont il prend la tête.

celle des extrémités. Lorsque, en 1912, G.E. Smith publie la première description exhaustive des momies royales conservées au Caire, la place de la radiographie y est très limitée. L'entreprise s'est heurtée à une difficulté majeure : le «rendez-vous». Radiographier une momie suppose la réunion du radiologiste, de la momie et de l'appareillage... Il a fallu transporter la momie de Thoutmosis IV en taxi jusqu'à l'hôpital où était installé le premier poste radiologique du Caire.

Maspero (à gauche), son successeur, accomplit une œuvre considérable de recherche et de protection des antiquités. Quant à W. M. F. Petrie (photographié avec sa femme et son équipe), il reste la figure la plus marquante de l'archéologie égyptienne au tournant du siècle. Infatigable, il sillonne la terre des pharaons dans son autobus, explorant tout, partout, sans hésiter à reprendre des fouilles anciennes.

L'intérêt de la radiologie croît avec l'amélioration de ses performances. Bertolotti décrit en 1913 la première anomalie transitionnelle lombo-sacrée observée sur une momie (ce genre d'anomalie, fréquente actuellement, est responsable de lombalgies et de sciatiques). En 1931, Moodie peut faire état d'une étude radiologique de dix-sept momies. En 1967, P. H. K. Gray a à son actif l'étude de cent trente-trois momies conservées dans plusieurs musées européens, notamment en Grande-Bretagne et aux Pays-Bas.

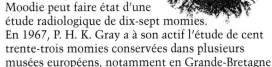

Harris et Weeks reprennent de façon très précise l'étude des momies pharaoniques du musée du Caire

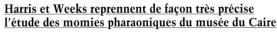

Publiés en 1973, puis en 1980, leurs résultats confirment dans une large mesure les informations contenues dans les textes, en précisant les maladies ou les caractères physiques qui permettent d'authentifier certaines filiations. Un exemple : les textes nous disaient que Seqenenre Taa II, pharaon du XVIIe siècle av. J.-C., avait trouvé la mort sur un champ de bataille, au cours d'un combat contre les envahisseurs Hyksos. Sa momie portait de terribles blessures à la tête, la radiologie a confirmé la violence de l'impact sur la boîte crânienne.

Cependant, quelques problèmes surviennent quant à l'identification des momies. Ainsi, le cliché du squelette de la momie réputée être celle de Thoutmosis Ier montre qu'il reste des cartilages de conjugaison aux extrémités des os longs, signe que la croissance n'est pas terminée, et donc que le défunt avait au maximum dix-huit ans – un âge incompatible avec ce que l'on croit savoir de la durée du règne de ce pharaon. Autre fait troublant, les mains sont placées devant les parties génitales, une position que l'on ne retrouve chez aucun de ses successeurs.

Thoutmosis II (à droite) et, peut-être, Thoutmosis Ier (à gauche). Un air de famille est indéniable entre les deux visages, mais la radio semble prouver que le squelette du second est celui d'un homme plus jeune que le pharaon auquel on l'attribuait.

En 1926, deux journalistes de *Je sais tout* passent aux rayons X une momie du musée Guimet, «avec l'un de ces appareil que l'on peut emporter en voyage [...], qui ne pèse guère plus de 50 kg» (ci-contre). Les rayons se heurteront «à une masse compacte» au niveau du tronc, qui présente «une distortion vraiment anormale», lit-on dans le compte rendu. Un égyptologue apportera l'explication : il s'agit sans doute d'«un mélange de terre, de résine, d'aromate. Peut-être aussi a-t-on replacé là les viscères».

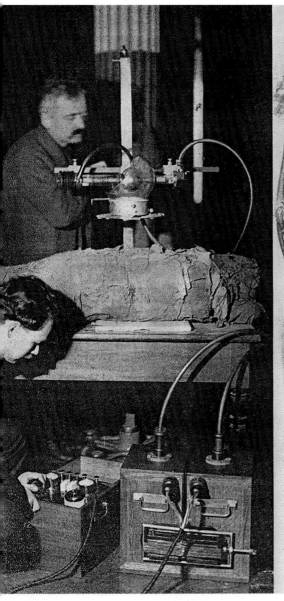

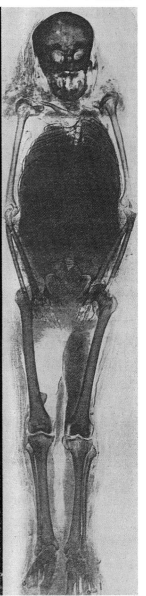

Aujourd'hui, l'exploration des momies utilise de multiples autres techniques

Outre la radiologie, on a recours à l'histologie (étude des tissus humains), à l'étude des groupes sanguins et tissulaires, à l'endoscopie, à toutes les micro-analyses chimiques et physiques, sans oublier les techniques les plus récentes de l'imagerie médicale, en particulier le

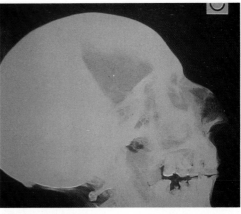

scanner (tomodensitométrie). En revanche, l'imagerie par résonance magnétique ne peut être employée, cette exploration utilisant les atomes d'hydrogène, essentiellement représentés par l'eau dans le corps humain. On remarquera que certains de ces procédés sont quotidiennement utilisés dans le domaine de la médecine légale, ce qui ne saurait étonner.

La technique de datation par le carbone 14 apporte des indications intéressantes, mais elle est insuffisante pour confirmer des dates historiques précises. Une autre méthode, la racémisation des acides aminés, peut être mise à contribution. Par rapport à la précédente, elle présente l'avantage de se contenter de petits échantillons, mais sa fiabilité dépend de la température à laquelle a été conservé le matériel à analyser.

Trois mille deux cents ans après sa mort, Ramsès II est envoyé à Paris en 1976 pour y être soigné. C'est la première fois qu'une momie royale quitte la terre égyptienne. On profitera de l'occasion pour soumettre le pharaon à un examen très poussé. La radiographie du crâne (ci-dessus) montre que le cerveau a été retiré entièrement et la cavité crânienne comblée par de la résine. Les dents sont très altérées, ce qui n'est guère surprenant : Ramsès II est mort à plus de quatre-vingts ans.

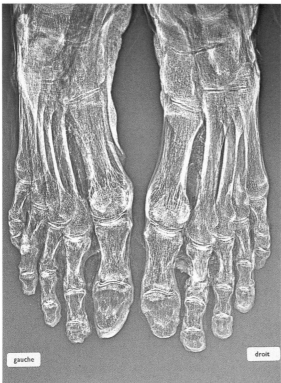

gauche

droit

Le pharaon souffrait d'artériosclérose : la xérographie – une technique d'enregistrement des rayons X voisine de la photocopie, qui accentue le contraste des détails – montre des calcifications artérielles entre le premier et le deuxième métatarsien des deux pieds du pharaon (elles apparaissent ci-contre, sous forme de lignes blanches plus ou moins continues). Ce type de lésion a été identifié en d'autres endroits, en particulier sur les carotides. On a décelé également sur les clichés une fracture du rachis cervical, qui explique pourquoi, alors que sur les temples et les statues Ramsès tient la tête très droite, un peu raide même, le cou de sa momie est très cambré (en bas à droite). Un geste malheureux des embaumeurs, qui ne sont pour rien, en revanche, dans le fait que les bras ne soient pas «collés» au thorax. Après des millénaires, de vie souterraine, à l'air libre, sous l'effet de la chaleur, les tissus se sont déformés, ce qui a fait bouger les bras. Restaurée et en partie rebandelettée, la momie a été stérilisée par irradiation puis replacée dans le sarcophage qui était le sien lors de la découverte (pages suivantes).

Dans le cadre de ces recherches pluridisciplinaires, quelques équipes se sont distinguées au cours de ces dernières années. Aux Etats-Unis, une équipe américaine réunie autour d'A. Cockburn, à l'Université de Pennsylvanie, a réalisé l'étude très complète de quatre momies anonymes, baptisées PUM (Pennsylvania University Museum). Si les trois premières n'ont pas répondu aux espoirs, PUM IV a donné force renseignements, notamment sur les tissus humains. Une équipe française animée par L. Balout et C. Roubet a été chargée, en 1976, de l'exploration et de la restauration de la momie de Ramsès II. L'équipe anglaise de R. David, à l'université de Manchester, a étudié une série de dix-sept momies allant du Nouvel Empire à l'époque romaine.

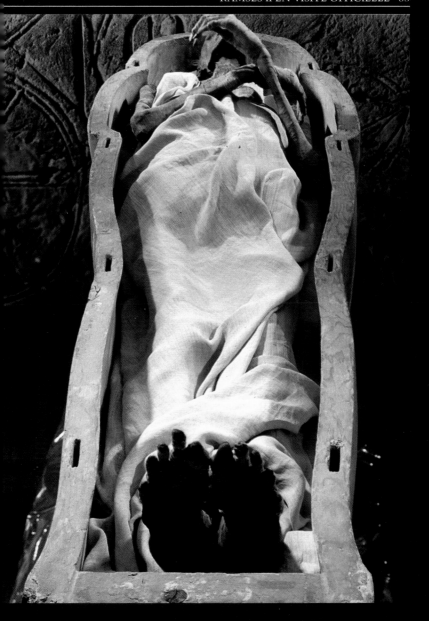

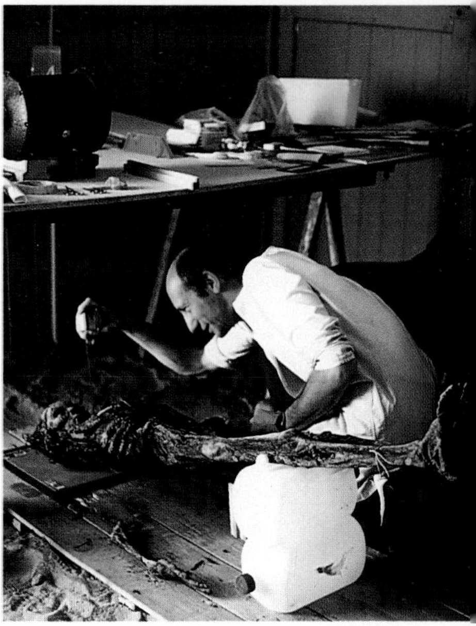

Parallèlement, les anthropologues ont entrepris très tôt l'étude des nombreux squelettes retrouvés dans les nécropoles. Les résultats obtenus ont fait ressortir le point faible de l'exploration des momies conservées dans les musées : elles sont souvent de provenance mal déterminée et de datation incertaine. De plus, du fait de leur petit nombre et de leur hétérogénéité, elles ne sont pas représentatives d'une population, par opposition aux séries importantes et homogènes que manient les anthropologues. C'est pourquoi une orientation nouvelle est d'aller les radiographier sur le terrain, de façon à disposer de groupes constituant une «population» statistiquement homogène.

Ce que nous apprennent les momies

Pour la technique de la momification, l'exploration beaucoup plus profonde menée au cours des dernières décennies confirme globalement les dires d'Hérodote, qui étaient pratiquement notre seule source écrite. Aux trois catégories qu'il mentionne correspondent des différences d'état observées dans la réalité, depuis les

Radiographier sur le terrain (ci-dessus) demande souvent une bonne dose d'imagination et le goût de l'improvisation. Avant tout, il faut soigneusement nettoyer le «patient» (ci-dessous), de façon à enlever le sable parfois aggloméré en plaques. Cette tâche est longue : parfois une demi-journée de travail.

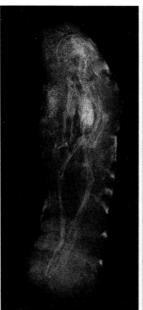

Cette petite momie trouvée dans une tombe de Douch sur les cuisses d'une momie émasculée donnait à penser qu'il s'agissait du phallus momifié à part. La radiographie a révélé la momie d'une grenouille... symbole de renaissance.

individus très bien momifiés, ayant conservé un corps intact et un visage expressif, qui relèvent de la momification de «première classe», jusqu'aux individus plus ou moins dégradés, incomplets ou désarticulés, résultats de momifications sommaires, voire bâclées.

D'autres observations concordent avec les prescriptions rituelles ou les données mythiques : la position des bras croisés sur la poitrine, qui rappelle les représentations du dieu des Morts, ou l'émasculation, qui renvoie également à la mythologie osirienne. La dorure corporelle, apparue tardivement, dont on voit quelques traces sur le visage ou sur les membres de certaines momies, est elle aussi une pratique divinisante, faisant du mort un Osiris. «Tu es régénéré par l'or», dit une formule rituelle.

Certains détails semblent se rattacher plutôt à une volonté de présenter le mort sous son meilleur aspect. Ici, on reconstituera la main d'un individu. Ailleurs, on placera une dent en ivoire sur pivot de bois pour

Des feuilles d'or ou d'électrum (alliage d'or et d'argent) ont été appliquées sur le visage ou d'autres parties du corps (les extrémités notamment) de certaines momies de l'époque romaine. L'or, métal inaltérable, devait empêcher la dégradation.

parfaire la denture. Ailleurs encore, on insérera un oignon dans l'orbite pour redonner un semblant de regard… mais là, on revient peut-être à des prescriptions rituelles.

Apparemment dépourvue de connotation religieuse particulière, la position de l'orifice d'éviscération a pu varier : de parallèle au flanc gauche, elle est devenue parallèle à la ligne ilio-pubienne après Thoutmosis III. En général, elle n'est pas recousue. Son absence ne signifie pas forcément que les viscères abdominaux ont été laissés en place : certaines momies ont en effet été éviscérées par la voie anale.

Le procédé de dessiccation par le natron a donné lieu à un long débat : utilisait-on le produit en solution aqueuse ou sous forme de cristaux ? Les études

Les scènes figurées sur les sarcophages et les tombes fournissent des renseignements sur la technique même des embaumeurs. Or la dessiccation par le natron n'est quasiment jamais dépeinte, ce qui a alimenté une controverse sur le mode d'emploi du produit. Ce que l'on voit ici, c'est l'aspersion du corps par l'eau lustrale, pour éliminer les restes de sels et les impuretés.

menées par Lucas, qui a momifié des pigeons, et, plus près de nous, celles de Garner, qui a travaillé sur des rats, permettent d'affirmer que la seconde hypothèse est la bonne. Le corps était sans doute entièrement recouvert de cristaux de natron.

La nature chimique des baumes et onguents, sur lesquels les textes antiques n'apportent aucune précision, est très difficile à établir en raison des profondes modifications des molécules avec le temps. Et on les désigne sous des noms approximatifs, variables, comme «résine», «bitume» (le mot momie dérive d'un mot arabe désignant le bitume), «huile de cèdre»... En revanche, l'identification des végétaux et aromates retrouvés dans et sur les momies n'a pas posé de gros problèmes : laurier, poivre, ciste, genévrier...

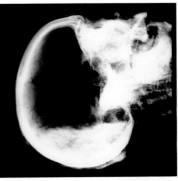

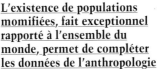

La tomodensitométrie (le scanner) apporte des précisions sur des détails que ne montre pas la radiographie, en particulier dans les parties molles. Elle est précieuse pour l'exploration du thorax et de l'abdomen, où les rayons X se heurtent éventuellement aux viscères remis en place ou à des produits de rembourrage. Ci-dessus, une coupe de profil obtenue par reconstruction à partir de coupes axiales, mettant en évidence le bloc de résine.

L'existence de populations momifiées, fait exceptionnel rapporté à l'ensemble du monde, permet de compléter les données de l'anthropologie

La plupart des études anthropologiques concernant les anciens Égyptiens ont été, rappelons-le, menées à partir des restes squelettiques, pour des raisons évidentes de facilité de mensuration et d'accessibilité des «points» anthropologiques. Les momies apportent d'autres renseignements. Ainsi, l'étude de la chevelure, des ongles et de la peau en général, voire des dermatoglyphes (empreintes digitales), précisent les

Une momification de bonne qualité conserve les structures anatomiques les plus fines. Cette macrophotographie (agrandissement de l'ordre de 3,5 fois) de la pulpe d'un doigt fait apparaître les empreintes digitales et même les orifices des glandes sudoripares.

Information précieuse sur l'état de santé d'une population, les stries d'arrêt de croissance, qui se forment sur les os lorsque le sujet souffre de sous-alimentation ou de maladie, n'apparaissent qu'à la radio (en haut à droite). Le pied gauche du pharaon Siptah (fin de la XIXᵉ dynastie) est très déformé. Les avis divergent : pour certains, c'est un pied-bot équin, pour d'autres des séquelles de poliomyélite.

catégories ethniques et nous donnent une bonne idée de l'aspect réel des anciens Egyptiens.

La radiographie des momies sur le terrain a permis d'établir une méthode radio-ostéométrique. Elle permet en outre l'étude des tissus momifiés. Les résultats de ces explorations confirment les données classiques des historiens : le peuple égyptien antique était le produit d'un mélange à parts à peu près égales de populations d'origine berbère (chamitique) et d'origine sémitique, avec une afférence négroïde de plus en plus marquée du Nord au Sud. Malgré les apports exogènes à différentes périodes de l'histoire égyptienne, on est frappé par la grande stabilité de

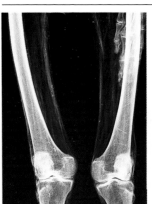

cette population qui demeure presque inchangée jusqu'à nos jours.

L'étude des momies est plus fructueuse que celle des squelettes lorsque l'on cherche à déterminer l'état sanitaire d'une population

Ainsi, on peut, en étudiant les clichés radiologiques, faire de véritables statistiques concernant les stries d'arrêt de croissance. Ces stries correspondent à des périodes pendant lesquelles l'individu était sous-alimenté ou malade. Elles apparaissent très fréquentes sur les momies analysées à Douch, qui appartiennent à des populations pauvres, à la différence de celles qu'a étudiées Gray, qui relèvent probablement de couches plus aisées de la population.

On a pu aussi établir l'âge de la mort au début de notre ère : autour de quarante ans, à peine quelques années de moins qu'en Europe il y a cent cinquante ans! Mais cette moyenne ne tient pas compte de la mortalité périnatale et de la petite enfance, qui restait très élevée.

L'étude de la dentition montre une abrasion des couronnes, ce qui n'a rien d'étonnant lorsque l'on sait que les anciens Egyptiens consommaient un pain fait avec une farine grossière contenant de la silice (sable). Cela entraînait à terme l'ouverture de la chambre pulpaire et des abcès très importants. En revanche, ils semblent n'avoir pas beaucoup connu les caries, qui n'apparaissent qu'assez tardivement dans leur histoire, lorsque se développe la consommation des sucres, et d'abord dans les couches dirigeantes. Bien entendu, le miel était connu et utilisé de longue date en Egypte. Et il entrait dans la composition de remèdes destinés à soigner… les caries!

Quant aux maladies dont souffraient les Egyptiens, les papyrus médicaux en donnent une liste assez importante, qu'il est souvent difficile d'identifier. L'étude des momies permet dans quelques cas d'éclaircir ou de confirmer ces indications, et aussi de déterminer des maladies que les textes laissaient sous silence. La pathologie traumatique est bien sûr au premier plan : les fractures passent difficilement inaperçues, quel que soit le mode d'exploration auquel on a recours. De même l'arthrose, essentiellement vertébrale, qui paraît très répandue. Elle vient souvent compliquer des scolioses et semble en rapport avec le dur labeur des champs et le portage.

Par contre, certaines maladies parasitaires, telles les filarioses et la bilharziose, ne seront décelées que par la radiologie (les études histologiques fournissent des résultats comparables, mais au prix d'une altération irréversible de la momie). Les grandes maladies actuelles – tuberculose, maladies

D es kystes apicaux (c'est-à-dire au niveau de l'extrémité de la racine des dents) apparaissent sur ce cliché.

L a présence d'une perruque sur la tête d'une petite fille de sept ans (à droite) a permis de faire le diagnostic rétrospectif de typhoïde. Dans ses formes prolongées, cette maladie entraîne la chute des cheveux, qui repoussent ensuite très irrégulièrement. Sous la perruque, on a trouvé des cheveux très courts, implantés de manière désordonnée. A gauche, ce Patèque, une divinité protectrice, est à l'image d'un nain achondroplase : une voûte crânienne et un tronc de taille normale, tandis que la base du crâne et les membres sont insuffisamment développés. C'était une malformation relativement courante dans l'Egypte ancienne.

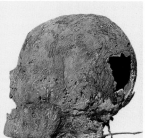
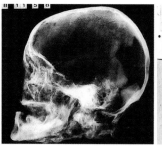

cardio-vasculaires, etc. – ont été reconnues, mais les cancers sont beaucoup plus rarement identifiés, car ils atteignent le plus souvent les organes mous, qui ne sont plus visibles.

Bilan : un mauvais état physique quasi général

C'est ce qui ressort de l'étude menée sur près de deux cents momies et squelettes du village de Douch, dans la Grande Oasis : constance et importance des lésions d'arthrose vertébrale, luxations non réduites, sous-alimentation dont témoignent les stries d'arrêt de croissance... Dans certains cas, les observations cliniques et radiographiques permettent de reconstituer la maladie cause du décès : une petite fille de sept ans est apparemment morte de typhoïde. L'état physique qui paraît avoir été celui de l'ensemble des habitants du village reflète des conditions de vie difficiles et une absence presque totale de médecine.

Le crâne de gauche montre une fracture avec perte de substance osseuse pariétale postérieure – autrement dit un trou. Il s'agit d'un accident de momification. La tête s'est détachée du corps à un moment ou à un autre – un incident banal. Pour la fixer de nouveau, l'embaumeur a enfoncé une tige de palmier dans le canal rachidien, et c'est en replaçant trop brutalement la tête sur la tige qu'il a fait la fracture. Des fragments du cerveau momifié (à droite) étaient restés dans la cavité crânienne.

L'étude scientifique n'a pas éteint l'attrait irrationnel pour la momie

De tout temps, elle a été un sujet de crainte mélangée de curiosité. Peut-être parce qu'elle permet un face-à-face avec la mort. Pour beaucoup se pose la question du devenir après la mort. Pour artificielle qu'elle soit, la momie représente un début de réponse. Par ailleurs, la rencontre avec des êtres qui ont vécu il y a plusieurs milliers d'années est riche d'émotion. Plus encore lorsqu'il s'agit de souverains qui ont autant marqué l'histoire que Thoutmosis III ou Ramsès II – un télescopage du temps de trois mille cinq cents ans...

Dans l'inconscient collectif, la momie occupe une place voisine de celle du fantôme, elle devient un être redoutable, maléfique. A ce titre, elle va être l'héroïne de films, de romans, de bandes dessinées. Curieux retour des choses, on retrouve ainsi certaines hantises qui étaient celles des anciens Egyptiens, pour qui les morts pouvaient revenir faire du mal aux vivants s'ils avaient quoi que ce soit à leur reprocher.

" Qu'on se figure douze ou quinze cents cadavres réduits à l'état de momies, grimaçant à qui mieux mieux, les uns semblant rire, les autres paraissant pleurer, ceux-ci ouvrant la bouche démesurément, pour tirer une langue noire entre deux mâchoires édentées, ceux-là serrant les lèvres convulsivement, allongés, rabougris, tordus, luxés... »
Le cimetière souterrain du couvent des Capucins de Palerme, qui visiblement a impressionné Flaubert, abrite des milliers de corps desséchés, vêtus de ce qui a été leurs plus beaux atours, et classés par couloirs : les hommes, les femmes, les notables, les religieux... Dans le couloir des prêtres, un évêque trône dans ses habits sacerdotaux. Aujourd'hui le cimetière est devenu musée

La momification n'est pas l'apanage de la religion égyptienne. A toutes les époques, en Occident comme en Orient, des personnages exceptionnels – des rois de France, les moines du couvent de Sainte-Catherine au Sinaï, les morts du couvent des Capucins à Palerme... – ont été embaumés. Actuellement, il n'est pas rare que l'on ait recours à des procédés de stabilisation du corps qui permettent de surseoir momentanément à l'inhumation. Toute autre est la démarche qui consiste à conserver les corps par congélation à l'azote liquide, très employée aux Etats-Unis. Le dessein est ici de préserver des corps morts dans l'attente de thérapeutiques qui permettraient – croit-on – une résurrection. Cette résurrection espérée peut faire considérer la congélation comme le dernier avatar de la momification.

De nombreuses civilisations ont conservé à leurs morts l'apparence du vivant, mais aucune n'est parvenue à la maîtrise qu'avaient acquise les embaumeurs égyptiens. Qu'elles soient d'Amérique andine (en haut à gauche), du Mexique (ci-dessous) ou de Sicile (en bas à gauche), ces momies sont le produit d'une dessication plus ou moins spontanée, au résultat aléatoire, et, souvent, elles apparaissent comme des squelettes habillés.

TÉMOIGNAGES
ET DOCUMENTS

Les rites de la mort

La plus grande partie des textes funéraires ont été trouvés dans les tombes. Il s'agit pour la plupart de textes religieux, mais quelques textes civils, comme des comptes de funérailles, les accompagnaient parfois.

M asque et cartonnage d'une momie du Nouvel Empire (XIᵉ dynastie).

Le Livre des morts : la déclaration d'innocence

A partir du Nouvel Empire, on prend l'habitude de déposer dans la tombe, auprès du mort, un rouleau de papyrus contenant des textes qui constituent pour lui une sorte de viatique : le Livre des Morts. Ces textes assez stéréotypés découlent en droite ligne des textes des sarcophages du Moyen-Empire, et par là des textes des Pyramides. Il s'agit à la fois d'un guide pour le voyage que le défunt doit accomplir dans l'au-delà et d'une collection de formules magiques destinées à assurer sa protection. Le chapitre 125 est particulièrement célèbre; il est en rapport avec la psychostasie (pesée de l'âme), au cours de laquelle le défunt doit se déclarer innocent devant Osiris. Le mort qui sort victorieux de cette épreuve devient un «justifié».

Salut à toi, grand dieu, maître des deux Maât [déesse de la vérité- justice, ndlr]! Je suis venu vers toi, mon maître, ayant été amené pour voir ta perfection. Je te connais, et je connais le nom des quarante-deux dieux qui sont avec toi dans cette salle des deux Maât, qui vivent de la garde des péchés et s'abreuvent de leur sang le jour de l'évaluation des qualités devant Ounnefer [Osiris, ndlr] [...]
Je n'ai pas commis l'iniquité contre les hommes.
Je n'ai pas maltraité les gens.
Je n'ai pas commis de péchés dans la Place de Vérité.
Je n'ai pas [cherché à] connaître ce qui n'est pas [à connaître].
Je n'ai pas fait le mal. [...]
Je n'ai pas blasphémé dieu.
Je n'ai pas appauvri un pauvre dans ses biens.
Je n'ai pas fait ce qui est abominable aux dieux.

Je n'ai pas desservi un esclave auprès de son maître.

Je n'ai pas affligé.

Je n'ai pas affamé.

Je n'ai pas fait pleurer.

Je n'ai pas tué.

Je n'ai pas ordonné de tuer.

Je n'ai fait de peine à personne.

Je n'ai pas volé les galettes des bienheureux.

Je n'ai pas été pédéraste.

Je n'ai pas forniqué dans les lieux saints du dieu de ma ville.

Je n'ai pas retranché au boisseau.

Je n'ai pas amoindri l'aroure [mesure de superficie, ndlr].

Je n'ai pas ajouté au poids de la balance.

Je n'ai pas ôté le lait de la bouche des petits enfants.

Je n'ai pas privé le petit bétail de ses herbages. [...]

Je suis pur, je suis pur, je suis pur, je suis pur! [...]

Il ne m'arrivera pas de mal en ce pays, dans cette salle des deux Maât, car je connais le nom des dieux qui s'y trouvent. [...]

Le défunt s'adresse ensuite nommément aux quarante-deux dieux assesseurs d'Osiris : [...]

O le Briseur d'os, originaire d'Héracléopolis, je n'ai pas dit de mensonges. [...]

O le Troglodyte, originaire d'Occident, je n'ai pas été de mauvaise humeur [...]

O l'Errant, originaire de Bubastis, je n'ai pas espionné. [...]

O le Villain, originaire d'Andjty, je ne me suis disputé que pour mes propres affaires. [...]

O l'Encorné, originaire d'Assiout, je n'ai pas été bavard. [...]

*Le Livre des morts
des anciens Egyptiens,*
trad. P. Barguet,
Paris 1967, Editions du Cerf.

Extrait d'un rituel d'embaumement

L'embaumement, y compris ses impératifs techniques, était régi par des prescriptions très strictes consignées dans des livres rituels. L'un d'entre eux nous est parvenu sous la forme de deux copies d'époque romaine retrouvées dans la nécropole thébaine et reproduisant un original certainement beaucoup plus ancien. Ces textes, bien qu'incomplets, présentent l'ensemble des opérations de bandelettage et des formules d'invocation qui doivent les accompagner. La comparaison entre ce protocole et les réalités observées lors de l'étude des momies montre une assez grande distance entre l'idéal et le réel...

VI :

Pose des doigtiers aux mains et aux pieds.

Or, ensuite de cela, adapter ses doigtiers d'or à ses mains et à ses pieds; commencer par l'extrémité des quatre doigts pour terminer par son pouce [?] gauche; envelopper avec une pièce longue de tissu de lin rouge provenant de Saïs.

Paroles à prononcer après ces opérations :

Osiris N [nom du défunt]!

Tu viens de recevoir tes doigtiers d'or et tes doigts sont en or pur, tes ongles en electrum! L'émanation de Rê parvient jusqu'à toi, elle qui est le divin corps d'Osiris, en vérité! Tu marcheras sur tes jambes jusqu'à la demeure d'éternité, tes mains pourront porter pour toi jusqu'à la place de la durée infinie, car tu es régénéré par l'or, tu es revigoré par l'electrum! Tes doigts seront étincelants dans la demeure d'Osiris, dans l'atelier d'embaumement d'Horus lui-même. [...]

VII :

Seconde onction et enveloppement de la tête. [...]

Oindre sa tête ainsi que sa bouche,

chacune avec de l'huile de «rattacher la tête et rattacher le visage». Bander avec la pièce d'étoffe de Rê-Harakhtès d'Héliopolis. La pièce d'étoffe de Nekhbet d'El-Kab est à placer au sommet de sa tête; la pièce d'étoffe d'Hathor, dame de Dendara, sur son visage et celle de Thot qui sépare les Deux Combattants sur ses oreilles; la pièce d'étoffe de Nebet-Hetepet sur sa nuque. [...]

Vingt-deux rouleaux pour la droite et la gauche de son visage, à enrouler au niveau de ses oreilles. [...]

Donc, après cela, emmailloter très soigneusement avec une bandelette ayant deux doigts de large. [...]

Paroles à prononcer après cela :

Vénérable et Grande, dame de l'Occident, souveraine de l'Orient, viens, pénètre jusqu'aux oreilles de l'Osiris N! [...]

Fais qu'il voie par son œil, qu'il entende par ses oreilles, qu'il respire par son nez, qu'il parle par sa bouche, qu'il use de sa langue pour argumenter à l'intérieur de la Douat!

Rituels funéraires de l'Ancienne Egypte,
trad. J.-C. Goyon,
Paris, Editions du Cerf, 1972

Un chant de harpiste

Au Nouvel Empire, parmi les textes funéraires inscrits dans les tombes, figure assez régulièrement un texte auquel on a donné le nom de «Chant du harpiste». Avec quelques variantes, il évoque toujours les mêmes thèmes, en particulier le déroulement inéluctable de la vie des hommes. Sans nier la réalité de la «deuxième vie», il met l'accent sur l'impossibilité d'un retour en arrière et sur la nécessité de «faire un jour heureux», c'est-à-dire de profiter de l'existence ici-bas en attendant d'aborder au «pays qui

aime le silence». C'est l'expression égyptienne du célèbre «carpe diem» d'Horace...

Des générations disparaissent et s'en vont, d'autres demeurent et cela dure depuis le temps des Ancêtres, des dieux qui ont existé auparavant et reposent dans leurs pyramides.

Nobles et gens illustres sont enterrés dans leurs tombeaux.
Ils ont bâti des maisons dont la place n'existe plus.
Qu'est-il advenu d'eux?

J'ai entendu des sentences de Imouthès et de Hardedef, que l'on cite en proverbe et qui durent plus que tout.

Où sont leurs demeures?
Leurs murs sont tombés;
leurs places n'existent plus, comme si elles n'avaient jamais été.

Personne ne vient de là-bas annoncer ce qu'il en est, annoncer ce dont ils ont besoin, pour apaiser notre cœur jusqu'à

Un prêtre au crâne rasé, s'accompagnant sur une harpe cintrée, psalmodie un hymne pour le défunt.

ce que nous abordions au lieu où ils s'en sont allés. A cause de cela, apaise ton cœur.

Que l'oubli te soit profitable!

Suis ton cœur, aussi longtemps que tu vis.

Place de l'oliban sur ta tête.

Vêts-toi de fin lin.

Oins-toi avec la véritable merveille du sacrifice divin.

Augmente ton bien-être, pour que ton cœur ne s'affaiblisse pas.

Suis ton cœur et ce qui t'est bon.

Expédie tes affaires sur terre.

Ne fatigue point ton cœur, jusqu'au jour où viendra pour toi la complainte funéraire.

Celui-dont-le-cœur-est-las n'entend point son appel.

Son appel n'a sauvé personne du tombeau.

C'est pourquoi fais un jour heureux et ne te lasse point à cela.

Vois, personne n'a emporté son bien avec soi.

Vois, personne n'est revenu qui s'en est une fois allé.

> in *Civilisation de l'Egypte pharaonique*,
> trad. F. Daumas,
> Arthaud 1982

Un décompte de frais de funérailles

Les papyrus grecs d'Egypte nous ont conservé plusieurs comptes de frais engagés à l'occasion de funérailles. Le texte provient d'un village du Fayoum, Socnopéonèse. On remarquera que les dépenses les plus importantes concernent les tissus utilisés pour l'habillage de la momie et le masque funéraire.

Un pot utilisé pour la momification.

myrrhe	4 dr	4 ob
miel		4 ob
chandelle		8 ob
tissus	136 dr	16 ob
masque	64 dr	
huile de cèdre	41 dr	
produit pour tissu	4 dr	
bonne huile	4 dr	
salaire de Turbo	8 dr	
torches	24 dr	
vieux manteau		24 ob
sucreries		20 ob
orge	16 dr	
«gravure» [?]	4 dr	
«pour le chien» [?]	8 dr	
petit masque	14 dr	
pain	21 dr	
cônes d'encens		8 ob
guirlande		16 ob
pleureurs	32 dr	
prix de l'âne sur bateau	8 dr	
bouillie de céréales		12 ob
TOTAL	440 dr	16 ob

[l'addition est fausse...]

Studien für Papyrologie und Papyruskunde
(SPP) XXII, 56, Socnopéonèse,
IIe siècle apr. J. C.

Staos [?]	12 dr [drachmes]	
	[oboles]	2 ob
jarre en terre		2 ob
coffret	4 dr	19 ob
cire	12 dr	

La momification selon Hérodote

Vers le milieu du Vᵉ siècle avant notre ère, Hérodote visite l'Egypte, alors province de l'empire perse. Voyageur infatigable et curieux, il mène une véritable enquête sur l'histoire et la géographie, les mœurs et coutumes, les traditions et la religion du pays.

Décrié par certains («Hérodote est un menteur»...), son témoignage apparaît cependant tout à fait remarquable dans divers domaines. Il a vu de ses yeux nombre de choses qu'il décrit et s'est informé autant qu'il a pu auprès de «ceux qui savent». Sa description de la momification est notre principale source d'information en grande partie confirmée par les études modernes.

Quand on leur apporte un mort, ils montrent à leurs clients des maquettes de cadavres, en bois, peintes avec une exactitude minutieuse. Le modèle le plus soigné représente, disent-ils, celui dont je croirais sacrilège de prononcer le nom en pareille matière [Osiris, ndlr]; ils montrent ensuite le second modèle, moins cher et moins soigné, puis le troisième, qui est le moins cher de tous.

Après quoi, ils demandent à leurs clients de choisir le procédé qu'ils désirent voir employer pour leur mort. La famille convient du prix et se retire; les embaumeurs restent seuls dans leurs ateliers, et voici comment ils procèdent à l'embaumement le plus soigné : tout d'abord à l'aide d'un crochet de fer ils retirent le cerveau par les narines; ils en extraient une partie par ce moyen, et le reste en injectant certaines drogues dans le crâne. Puis avec une lame tranchante en pierre d'Ethiopie [silex, ndlr], ils font une incision le long du flanc, retirent tous les viscères, nettoient l'abdomen et le purifient avec du vin de palmier et de nouveau avec des aromates broyés.

Ensuite, ils remplissent le ventre de myrrhe pure broyée, de cannelle, et de toutes les substances aromatiques qu'ils connaissent, sauf l'encens, et le recousent. Après quoi, ils salent le corps en le couvrant de natron pendant soixante-dix jours; ce temps ne doit pas être dépassé.

Ce sarcophage présenté comme celui d'Alexandre figure dans un recueil d'antiquités égyptiennes dédié au prince de Galles en 1805.

Les soixante-dix jours écoulés, ils lavent le corps et l'enveloppent tout entier de bandes découpées dans un tissu de lin très fin et enduites de la gomme dont les Egyptiens se servent d'ordinaire au lieu de colle. Les parents reprennent ensuite le corps et font faire un coffre de bois, taillé à l'image de la forme humaine, dans lequel ils le déposent; et ils conservent précieusement ce coffre dans une chambre funéraire où ils l'installent debout, adossé contre un mur. Voilà pour le procédé le plus coûteux. Pour qui demande l'embaumement à prix moyen et ne veut pas trop dépenser, voici leurs méthodes : les embaumeurs chargent leurs seringues d'une huile extraite du cèdre et emplissent de ce liquide le ventre du mort, sans l'inciser et sans en retirer les viscères; après avoir injecté le liquide par l'anus, en

l'empêchant de ressortir, ils salent le corps pendant le nombre de jours voulu. Le dernier jour ils laissent sortir de l'abdomen l'huile qu'ils y avaient introduite; ce liquide a tant de force qu'il dissout les intestins et les viscères et les entraîne avec lui. De son côté, le natron dissout les chairs et il ne reste que la peau et les os du cadavre. Après quoi, les embaumeurs rendent le corps, sans lui consacrer plus de soins.

Voici la troisième méthode d'embaumement, pour les plus pauvres : on nettoie les intestins avec de la syrmaia [huile de raifort, ndlr], on sale le corps pendant les soixante-dix jours prescrits, puis on le rend aux parents qui l'emportent.

Hérodote, *Histoires*, II, 86-88
traduction A. Barguet,
Bibliothèque de la Pléiade, Paris, 1964

Pauvres momies!

Illustres ou modestes, les momies n'ont jamais joui du repos qui leur était promis. Tentés par les richesses contenues dans les tombeaux, à toutes les époques, les vivants les ont pillées.

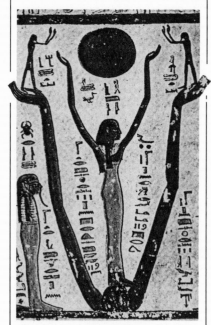

L a création du nouveau disque solaire, peinture de la salle du sarcophage de la tombe de Ramsès VI.

Le pillage des tombes royales sous Ramsès IX

Les premiers ramessides (XIX⁰ dynastie) avaient redonné à l'Egypte la gloire que la parenthèse amarnienne lui avait fait perdre. Au cours de la XX⁰ dynastie, après Ramsès III, on assiste à l'affaiblissement progressif du pouvoir central, parallèlement à la montée en puissance du clergé d'Amon. Sous Ramsès IX, les pilleurs s'enhardissent et s'attaquent aux tombes royales de la région thébaine. Le maire de Thèbes, Paser, informé des événements, fait ouvrir une enquête qui aboutira à l'arrestation et au procès de plusieurs voleurs. Voici un extrait du rapport de la commission d'enquête.

La «pyramide» du roi Sekhemre Shedtaoui, fils de Rê Sobekemsaf. Elle a été découverte violée par les pillards au moyen d'un tunnel percé dans la chambre de la pyramide depuis la salle extérieure de l'hypogée de Nebamoun, surveillant des greniers du roi Menkheperre. La chambre funéraire du roi a été trouvée vide de son seigneur, et de même la chambre funéraire de la grande épouse royale Noubkhââs, son épouse, les voleurs ayant porté les mains sur eux. Le vizir, les notables et les intendants ont enquêté, et la nature de l'attaque que les voleurs ont faite sur ce roi et sur son épouse a été découverte. [...]

d'après T.E. Peet,
The Great Tomb Robberies of the XXth Egyptian Dynasty,
Oxford 1930

Extrait de la déposition des voleurs :

Nous avons été pour voler dans les tombes suivant notre habitude et nous avons trouvé la pyramide du roi

Sekhemre Shedtaoui, fils de Rê Sobekemsaf, et celle-ci n'était pas du tout semblable aux pyramides et aux tombes des nobles que nous avions l'habitude de piller. Nous avons pris nos outils de cuivre et forcé un passage dans la pyramide de ce roi, à travers sa partie la plus profonde. Nous sommes parvenus à ses chambres souterraines et, prenant en main des torches allumées, nous descendîmes. Alors nous perçâmes la blocaille rencontrée à l'entrée de son réduit [?] et trouvâmes ce dieu couché au fond de sa chambre sépulcrale. Et nous avons trouvé la sépulture de la reine Noubkhââs, sa reine, placée à côté de lui, et protégée et gardée par du plâtre et recouverte de blocaille. Nous l'avons également forcée et trouvé la reine reposant là semblablement. Nous avons ouvert les sarcophages et les cercueils dans lesquels ils se trouvaient et trouvé la noble momie de ce roi munie d'un glaive; de nombreuses amulettes et des bijoux d'or étaient à son cou; son masque d'or était sur lui. La noble momie de ce roi était entièrement recouverte d'or, ses cercueils ornés d'or et d'argent, intérieurement et extérieurement, et incrustés de toutes sortes de pierres précieuses. Nous avons recueilli l'or trouvé sur la noble momie de ce dieu, en même temps que celui des amulettes et bijoux qu'il avait au cou et celui des cercueils dans lesquels il reposait et nous trouvâmes la reine exactement dans le même état. Nous avons recueilli tout ce que nous avons trouvé sur elle également et mis le feu à leurs cercueils. Nous avons pris le mobilier trouvé avec eux et consistant en objets d'or, d'argent et de bronze et avons fait le partage entre nous. [...]

C'est ainsi qu'avec les voleurs mes compagnons nous avons continué jusqu'à ce jour notre pratique de piller les tombes des nobles et des gens du pays qui reposent dans l'ouest de Thèbes. Et un grand nombre de gens du pays les pillaient comme nous et sont complices.

d'après trad. Gardiner
in F. Daumas,
*La Civilisation
de l'Egypte pharaonique*,
Paris, 1982

Des «explorateurs» arabes dans la grande pyramide

Au VIIIᵉ siècle l'Egypte est gouvernée par les califes abassides; le centre du pouvoir est alors à Bagdad. Le calife El Mamoun, successeur d'Haroun el Rachid, aurait organisé l'exploration de la Grande Pyramide, réputée receler des trésors. Le récit se trouve dans «L'Abrégé des Merveilles», écrit aux environs de l'an 1000 par un certain Ibrahim ibn Wacif Chah, dont on ne sait à peu près rien. Le texte, dont le caractère fantastique et légendaire est évident, ne doit, bien sûr, pas être pris à la lettre.

Vingt hommes convinrent ensemble de pénétrer dans la pyramide et de n'en pas ressortir avant d'en avoir atteint le fond, ou d'y mourir. Ils prirent avec eux des vivres et de la boisson pour deux mois. Ils emportèrent de quoi faire du feu, avec des chandelles, des cordes, des pics et tous les instruments dont ils pourraient avoir besoin. Ils entrèrent dans la pyramide; ils descendirent le premier couloir en pente et le second. En continuant à marcher sur le sol de la pyramide, ils virent des chauves-souris grosses comme des aigles qui leur tapaient le visage, puis ils arrivèrent devant un orifice d'où sortait un vent froid qui ne cessait pas. Ils voulurent y pénétrer, mais le vent éteignit leurs flambeaux; ils les placèrent dans du verre, et ils revinrent à l'orifice pour tâcher d'y entrer. Or ils virent que le fond de ce trou était fermé par une grosse dalle de substance précieuse, et ils comprirent que là se trouvaient les corps des rois, avec leur or et leurs trésors. Mais ils ne savaient comment y descendre. L'un d'eux leur dit : «Attachez-moi avec des cordes, et faites-moi glisser dans ce conduit, jusqu'à ce que j'atteigne la dalle. Peut-être que je découvrirai le moyen de la lever.» On fit comme il avait dit : ses compagnons l'attachèrent avec des cordes par le milieu du corps; et ils le descendirent dans le trou; il y resta longtemps, ses compagnons tenant toujours les cordes; mais à la fin le trou se referma sur lui. En vain les autres firent-ils tous leurs efforts pour le retirer; ils ne purent plus le dégager. Ils entendirent ses os qui craquaient; puis une voix terrifiante les fit tomber évanouis. Dès qu'ils revinrent à eux ils cherchèrent à sortir. Ils n'y réussirent qu'avec beaucoup de peine; plusieurs étant tombés en gravissant les couloirs furent abandonnés par les autres et périrent. Ceux qui survécurent sortirent enfin des pyramides; comme ils s'étaient assis ensemble à leurs pieds, ils virent sortir de terre devant eux celui de leurs compagnons qui avait péri dans le trou et qui semblait être vivant; il leur parla en un langage énigmatique, et leur dit des mots dont ils ne comprirent pas le sens; mais ses paroles leur furent expliquées plus tard par un savant du Saïd. Elles signifiaient : «Tel est le sort de celui qui convoite les trésors qui ne sont pas pour lui.» Après avoir prononcé ces mots, l'homme se tut et retomba mort...

L'Abrégé des Merveilles,
traduit de l'arabe
par Carra de Vaux,
Paris, Editions Sinbad, 1984

L'acquisition des antiquités égyptienne par un Européen au XIXe siècle

En 1889, G. Le Breton, directeur du Musée de la céramique de Rouen, entreprend un voyage en Egypte. A Akhmim, il va financer des fouilles clandestines qui lui permettront de rapporter en France quelques momies ainsi que de nombreux tissus. L'ensemble sera partagé entre le musée des Antiquités de Rouen et le musée de Cluny à Paris. Ces «méthodes» peuvent paraître choquantes aujourd'hui...

Mon cher Monsieur Alfred,
Je ne puis résister au plaisir de vous écrire et de vous donner une bonne nouvelle concernant le musée de Cluny et celui des Antiquités de la Seine-Inférieure. Arrivé en Egypte, mon premier soin a été de m'informer où l'on trouvait ces fameux tissus byzantins... Vous savez que je suis un chercheur intrépide. Aussi j'ai commencé par soudoyer un Arabe qui m'a conduit dans le bon endroit où, la nuit, les Arabes vont fouiller les tombes pour y trouver les fameux tissus. [...]

J'ai commencé par embaucher une trentaine d'Arabes et me suis mis à l'œuvre. Le premier endroit où j'ai commencé mes fouilles est une petite montagne de sable où l'on a bien fouillé déjà trois à quatre mille tombes sur une superficie que j'évalue à une trentaine d'hectares. Mes premières recherches ont été vaines, les fouilles que je faisais ayant porté sur des tombes déjà fouillées, mais bientôt, en explorant les endroits environnants, j'ai fini par découvrir un terrain complètement vierge et j'ai eu la joie de mettre au jour seize momies entourées de ces fameuses étoffes. J'en ai dépouillé la plus grande partie de leurs tissus qui les enveloppaient et j'ai fait emporter par mes Arabes trois momies que l'ont croirait cousues d'hier dans leurs étoffes.

J'ai fait faire une caisse pour les y mettre ainsi que les tissus des autres momies. [...]

Maintenant la difficulté est de faire passer la caisse en France en évitant la douane égyptienne qui saisirait probablement ma trouvaille, je verrai pour cela en rentrant au Caire le comte d'Aubigny auquel je demanderai ce service de faire transporter cette caisse avec la franchise diplomatique.

Dans cette caisse, il y a deux momies d'enfant et une momie d'adulte merveilleusement conservées. Vous voyez, mon cher Monsieur Alfred, que j'utilise mon temps dans la Haute-Egypte. [...]

Lettre adressée le 7 février 1889 à A. Darcel, conservateur du musée de Cluny à Paris.
Cité par. Sydney Aufrère, *Catalogue des collections égyptiennes*, Musées départementaux de Seine-Maritime, Rouen 1987

Au XIXᵉ siècle, des «touristes» d'un genre particulier, guidés et aidés par des Egyptiens et souvent mandatés par des collectionneurs, fouillent les sépultures.

Deux découvertes retentissantes

Organisée de façon systématique au siècle dernier, l'exploration de l'Egypte porte ses fruits. Les archéologues retrouvent des tombes royales, de grands pharaons reviennent au jour... Les momies sont désormais recherchées pour elles-mêmes.

V ases en albâtre trouvés dans la tombe de Toutankhamon.

La découverte de la cache de Deir el-Bahari

A partir de 1875, l'apparition à Louxor, sur le marché des antiquités, d'objets provenant à n'en pas douter de tombes royales attire l'attention des archéologues : en 1881, Gaston Maspero, fraîchement nommé directeur du Service des antiquités, décide de mener une enquête. Celle-ci aboutit très vite à soupçonner les frères Abd-er-Rassoul, habitants de Gournah. Diverses «pressions» exercées sur les membres de la famille finissent par les désolidariser et faire que l'un d'entre eux avoue l'existence d'une cachette remplie de momies.

Le mercredi [5 juillet] MM. Emile Brugsch et Ahmed Effendi Kamal furent conduits par Mohammed Ahmed Abd-er-Rassoul à l'endroit même où s'ouvrait le caveau funéraire. L'ingénieur égyptien qui a creusé jadis la cachette avait pris ses dispositions de la façon la plus habile : jamais cachette ne fut mieux dissimulée. [...]

Dans la muraille de rochers qui sépare Deir el-Bahari du cirque suivant, juste derrière la butte de Sheikh Abd-el-Gournah, à 60 mètres environ au-dessus des terres cultivées, on creusa un puits de 11,50 m de profondeur sur 2 m de largeur. Au fond du puits, dans la paroi ouest, on pratiqua l'entrée d'un couloir qui mesure 1,40 m de large sur 0,80 m de haut. Après un parcours de 7,40 m, il tourne brusquement vers le nord et se prolonge sur une étendue d'environ 60 m, sans garder partout les mêmes dimensions : en certains endroits il atteint 2 m de large, en d'autres il n'a plus que 1,30 m, vers le milieu cinq à six marches grossièrement taillées accusent un changement de niveau assez sensible, et, sur le côté droit, une sorte de niche inachevée montre qu'on a songé à changer une fois de plus la direction de la galerie. Celle-ci débouche enfin dans une sorte de chambre oblongue, irrégulière, d'environ 80 m de longueur.

Le premier objet qui frappa les yeux de M. Emile Brugsch, quand il arriva au fond du puits, fut un cercueil blanc et jaune au nom de Nibsonou. Il était dans le couloir, à 0,60 m environ de l'entrée; un peu plus loin, un cercueil dont la forme rappelait le style de la XVIIe dynastie, puis la reine Tiouhathor Honttoouï, puis Seti Ier. A côté des cercueils et jonchant le sol, des boîtes à statuettes funéraires, des canopes, des vases à libation en bronze, et, tout au fond, dans l'angle que forme le couloir en se redressant vers le nord, la tente funèbre de la reine Isimkheb, pliée et chiffonnée, comme un objet sans valeur, qu'un prêtre trop pressé de sortir aurait jeté négligemment dans un coin. Le long du grand couloir, même encombrement et même désordre : il fallait s'avancer en rampant, sans savoir où on mettait les mains et les pieds. Les cercueils et les momies, entrevus rapidement à la lueur d'une bougie, portaient des noms historiques. Aménophis Ier, Thoutmos II [Thoutmosis II, ndlr], dans la niche près de l'escalier, Ahmos Ier [Ahmosis Ier, ndlr] et son fils Siamoun, Soqnounri [Seqenenrê, ndlr], la reine Ahhotpou [Ahhotep, ndlr], Ahmos Nofritari [Ahmès Nefertari, ndlr] et d'autres. Dans la chambre du fond, le pêle-mêle était au comble, mais on reconnaissait à première vue la prédominance du style propre à la XXe dynastie. Le rapport de Mohammed Ahmed Abd-er-Rassoul, qui paraissait exagéré au début, n'était guère que l'expression atténuée de la vérité : où je m'étais attendu à rencontrer un ou deux roitelets obscurs, les Arabes avaient déterré un plein hypogée de

Séthi Ier au moment de sa découverte dans la cache de Deir el Bahari.

pharaons. Et quels pharaons! Les plus illustres peut-être de l'histoire d'Egypte, Thoutmos III [Thoutmosis III, ndlr] et Séti Ier, Ahmos [Ahmosis, ndlr] le libérateur et Ramsès II le conquérant. M. Emile Brugsch crut être le jouet d'un rêve de tomber à l'improviste en pareille assemblée, et je suis encore à me demander comme lui si vraiment je ne rêve point, quand je vois et touche ce qui fut le corps de tant de personnages dont on croyait ne devoir jamais connaître que les noms.

Deux heures suffirent à ce premier examen, puis le travail d'enlèvement commença. Trois cents Arabes furent vite rassemblés par les soins des gens du moudir, et se mirent à l'œuvre. Le bateau du musée, mandé en hâte, n'était pas encore là; mais on avait sous la main l'un des pilotes, reïs Mohammed, sur lequel on pouvait compter. Il descendit au fond du puits et se chargea d'en extraire le contenu : MM. Emile Brugsch et Ahmed Effendi Kamal recevaient les objets au fur et à mesure qu'ils sortaient de terre, les transportaient au pied de la colline et les rangeaient côte à côte, sans ralentir un instant leur surveillance. Quarante-huit heures d'un labeur énergique suffirent à tout exhumer; mais la tâche n'était qu'à moitié terminée. Il fallait mener le convoi à travers la plaine de Thèbes et au-delà de la rivière jusqu'à Louxor : plusieurs des cercueils, soulevés à grand peine par douze ou seize hommes, mirent de sept à huit heures pour aller de la montagne à la rive, et l'on se figurera aisément ce que dut être ce voyage par la poussière et la chaleur de juillet. Enfin, le 11 au soir, momies et cercueils étaient tous à Louxor, dûment enveloppés de nattes et de toiles. Trois jours après, le vapeur du Musée arrivait : le temps de charger, et aussitôt il repartait pour Boulaq avec son fret de

rois. Chose curieuse! De Louxor à Qouft, sur les deux rives du Nil, les femmes fellahs échevelées suivirent le bateau en poussant des hurlements et les hommes tirèrent des coups de fusil comme ils font aux funérailles. Mohammed Abd-er-Rassoul a gagné 500 livres et j'ai cru devoir le nommer reïs des fouilles à Thèbes : s'il met à servir le musée la même adresse qu'il a mise longtemps à le desservir, nous pouvons espérer encore quelques belles découvertes...

Gaston Maspero,
La Trouvaille de Deir el-Bahari,
Le Caire, 1881

L'ouverture du sarcophage de Toutankhamon

Le 4 novembre 1922, Howard Carter découvre la tombe de Toutankhamon, après plusieurs années de recherches dans la vallée des Rois. C'est seulement le 10 octobre 1925 que débute le processus, long et minutieux, de l'ouverture du sarcophage et des trois cercueils qu'il renferme.

Ce grand cercueil de bois doré de type rishi était long de deux mètres vingt. Il était de forme anthropoïde, avec une perruque «Khat». Le visage et les mains étaient couverts d'une couche d'or plus épaisse. [...]

Ce fut un instant d'émotion et d'anxiété extrêmes que celui où on souleva le couvercle. Il vint sans difficultés, démasquant le second cercueil recouvert d'une fine toile de lin noircie et décomposée. Sur ce suaire étaient répandues des guirlandes de feuilles d'olivier et de saule, des pétales de lotus bleu et de bleuets et à l'emplacement du front, une petite couronne de même composition. En dessous, on pouvait apercevoir une décoration à base de morceaux de verre multicolores, incrustés dans les dorures du cercueil. [...]

Tout ayant été minutieusement examiné et photographié, je pus enfin retirer les guirlandes et rouler le suaire. Alors, devant nos yeux émerveillés, apparut la plus belle pièce d'art funéraire antique qu'il nous fut jamais permis de contempler : sa conception et la délicatesse de ses lignes étaient si admirables que, même posée sur des tréteaux modernes, elle conservait une majesté infinie. [...]

Nous découvrîmes le troisième cercueil. Il était de même forme que les autres, mais sa décoration était cette fois dissimulée sous un linceul rougeâtre. Le visage, d'or bruni, était nu. Sur le cou et la poitrine, il y avait une collerette de grains et de fleurs cousue sur un support de papyrus et, posé exactement sur la perruque «némès», se trouvait un napperon de lin. Les photos prises, je retirai la collerette et la pièce de tissu. Nous fûmes alors émerveillés. Long de 1,85 m, ce troisième cercueil était en or massif. [...] Mais les détails de la décoration disparaissaient sous une couche noire et luisante formée par les onguents liquides déversés à profusion sur le cercueil. [...]

On souleva le couvercle par ses poignées d'or. Sous nos yeux, occupant tout l'intérieur du cercueil d'or, gisait une impressionnante momie nette et soignée, sur le corps de laquelle on avait répandu des onguents, noircis et durcis par le temps. Contrastant avec la couleur sombre du corps, un magnifique masque d'or brillant, représentant le visage du pharaon, couvrait la tête et les épaules. Cette incomparable momie symbolisait Osiris. Le masque d'or, spécimen unique de l'art antique, avait une expression triste, mais calme, suggérant la jeunesse prématurément surprise par la mort... Les mains d'or bruni, croisées sur la poitrine, étaient cousues à l'enveloppe de lin. Elles tenaient le fouet et la crosse, également emblèmes d'Osiris. [...]

Bien que les attributs de cette momie fussent ceux des dieux, le visage était certainement celui de Toutankhamon, avenant et calme, car on retrouvait ses traits sur les statues et les cercueils.

Quand M. Burton eut photographié la momie sous tous les angles, nous pûmes regarder de plus près l'état de conservation dans lequel elle se trouvait. Le fouet et la crosse étaient en grande partie décomposés, pratiquement réduits en poussière; les fils qui maintenaient les mains et les ornements en place sur l'enveloppe extérieure étaient pourris, et les différentes parties tombaient dès qu'on les touchait... Plus nous avancions, plus nous nous rendions compte que les bandelettes et la momie étaient en très mauvais état. Elles étaient complètement carbonisées sous l'action des acides gras contenus dans les onguents qu'on avait déversés sur elles.

Howard Carter,
La Tombe de Toutankhamon,
trad. française, Paris, Marabout, 1978

Howard Carter sort le lit funéraire à l'image de la déesse Thouéris.

Les momies aux rayons X

La découverte des rayons X par Röntgen, en 1896, ouvre l'ère de l'exploration non destructrice des momies. Seul problème : il n'est pas toujours facile de faire se rencontrer la momie, le radiologue... et le matériel.

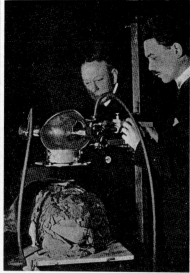

Que révèle la radiographie d'une momie?

En 1926, deux journalistes de la revue «Je sais tout» (revue de vulgarisation comparable à «Science et Vie»), s'étonnent que la momie de Toutankhamon, dont la tombe a été découverte trois ans auparavant, n'ait pas été radiographiée. En fait elle le fut, mais beaucoup plus tard. Non convaincus des difficultés alléguées, les deux journalistes décident de tenter l'expérience. A cause du manque de momies au Louvre, ils s'adressent au musée Guimet et, sur les conseils du professeur Moret, choisissent de radiographier la momie d'une musicienne.

[...] Notre appareil radiographique : Disons tout de suite que celle-ci [la radiographie] fut effectuée avec l'un de ces modernes appareils que l'on peut littéralement «emporter en voyage», puisque c'est en effet d'une sorte de valise que M. Bonin, au musée Guimet, tira le sien, qui ne pèse guère que 50 kg. Hélas les salles de ce beau musée ne comportent aucune installation électrique... Bah! la valise de M. Bonin ne contient-elle pas encore 50 mètres de fil qu'il va nous suffire de brancher, à l'étage inférieur, sur une simple douille d'éclairage? [...]

Une épreuve préliminaire s'imposait, à laquelle était pour ainsi dire lié l'échec ou la réussite de notre tentative : une radioscopie. En d'autres termes, avant d'espérer voir une plaque sensible impressionnée par les rayons X, il était indispensable que nous constations tout d'abord cette action des rayons sur un simple écran fluorescent. [...]

Malgré l'épaisseur de la table, malgré le réseau de bandelettes, le faisceau des étranges radiations a atteint la vitre fluorescente; et sur le fond lumineux de celle-ci, nous voyons se détacher deux longs traits sombres, puis deux plus petits, – les tibias et les péronés de la momie! [...]

Les opérateurs passent ensuite à la radiographie. [...]

N'allez pas croire, pourtant, que l'opération fut très facile. Elle nous demanda plusieurs heures, nécessitant plus d'un tâtonnement et soulevant à maintes reprises une question nouvelle. On conçoit, tout d'abord, que notre radiographie se fit par «portions» : l'ampoule était amenée cette fois, au-dessus de la momie, tandis que nous glissions les plaques sensibles successivement sous chacune de ses régions : tête, cou, tronc, bassin, etc. Mais combien de petits problèmes à résoudre! [...]

L'interprétation des radiographies est faite par le Pr G. Lardennois, chirurgien et le Pr Moret, égyptologue : on voit déjà poindre le double d'intérêt de ce genre d'étude, anthropologique et égyptologique. [...]

Je ne saurais trop vous féliciter, – nous dit l'éminent chirurgien – de votre curieuse initiative. Il y a beaucoup à apprendre, en effet, des recherches de cette nature. Ainsi, votre radiographie donne d'utiles indications d'ordre anthropologique : il s'agit là d'un squelette d'ensemble bien constitué, appartenant à une race que j'appellerai «demi-nègre».

Le front est large, la tête est belle, et votre Egyptienne fut sans doute une femme intelligente. D'une façon générale, son système osseux – où je ne relève aucune tare, ni aucune fracture – est celui d'un être bien portant, je dirai même «sportif».

Une chose me frappe pourtant, c'est la distension vraiment anormale de son

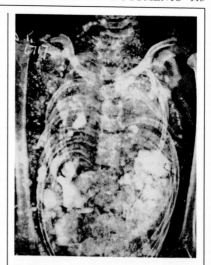

L'intérieur du corps est rempli de gravats : un artifice des embaumeurs pour conserver les formes (momie d'enfant étudiée par Gray).

thorax... Je pense qu'il faut y voir le résultat d'un «bourrage» de la cavité thoracique, très énergiquement accompli par les embaumeurs. [...]

L'égyptologue nous était tout particulièrement indiqué en la personne de M. Moret, professeur au Collège de France. [...]

«Il est exact – nous explique-t-il – que, au cours de la momification, on bourrait très fortement les cavités du corps, préalablement vidées de leurs viscères. [...]

«Tandis que les rayons X de votre appareil ont réussi à traverser la majeure partie des régions du corps, par contre, au niveau du tronc, ils se sont heurtés à une masse compacte qui, sur votre épreuve, apparaît en noir. Que représente cette masse, ce bourrage épais? Sans doute un mélange de terre, de résine, d'aromates. Peut-être aussi a-t-on replacé là les viscères de la défunte. [...]

«Que de choses intéressantes relève-t-on encore sur votre épreuve radiographique!» [...] Oui, l'archéologue apprend ou précise beaucoup de choses en étudiant votre radiographie, et il est à souhaiter qu'entre toutes les sciences – leurs objets fussent-ils en apparence les plus dissemblables – une liaison s'établisse chaque jour plus étroite, dont les unes et les autres tireront le meilleur profit. [On ne saurait mieux dire! ndlr]

> Ch. Leleux et M. Gouineau,
> *Je sais tout*, n° 243, mars 1926,
> n° 244, avril 1926

La plus grande série de momies radiographiées

Dans les années 1970, P.H.K. Gray radiographie cent trente-trois momies égyptiennes conservées dans plusieurs musées d'Europe, en particulier au Royaume-Uni et aux Pays-Bas. C'est la plus importante série de momies radiographiée et publiée à ce jour. Faisant une brève revue des momies radiographiées depuis l'origine, Gray s'étonne que ce mode d'exploration ne soit pas plus souvent utilisé, même lors d'études approfondies. Smith et Wood-Jones ont consacré une partie importante de leurs travaux à l'anatomie générale des momies; Ruffer, en 1921, et Sandison, en 1963, en ont étudié les aspects histologiques. Ces études, qui ont entraîné le dépouillement et la dissection des spécimens, ont été nécessairement destructrices.

L'importance de la radiographie en ce domaine avait pourtant été démontrée, très peu de temps après la découverte des rayons X, par Petrie, qui publia d'excellents clichés des membres inférieurs de quelques-unes de ses momies. L'une de ces radiographies montre des lignes nettement définies correspondant à un arrêt de croissance, à l'extrémité inférieure d'un tibia. Il est toutefois surprenant que Petrie n'ait pas publié ce cliché. En 1931, Moodie avait donné une brève description de ses études radiographiques faites sur dix-sept momies égyptiennes.

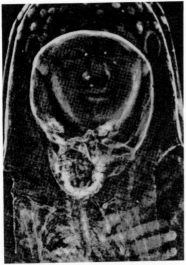

C liché d'un crâne d'enfant superposé au masque en plâtre que portait la momie.

[...] La radiographie permettant de laisser intacte une momie enveloppée de ses bandelettes, il a paru intéressant, compte tenu de la rareté des rapports sur l'examen radiologique des momies, d'obtenir l'autorisation de radiographier les specimens conservés dans les différents musées européens. Les objectifs poursuivis étaient la détermination de la présence ou de l'absence d'ossements humains, la détermination de l'âge et du sexe du sujet; l'établissement d'une corrélation entre les résultats de l'examen radiographique et les différentes techniques d'embaumement; la détection d'amulettes sous les bandelettes et la mise en évidence des signes pathologiques. [...]

Après un résumé de l'évolution des techniques de momification Gray expose les pôles d'intérêt de la méthode.

L'archéologie : détermination de la présence ou de l'absence d'ossements humains. Les grands musées conservent de nombreuses momies achetées en Egypte par les explorateurs et les voyageurs au début du XIXe siècle. Les marchands indigènes furent prompts à réaliser le profit qu'ils pouvaient retirer de la vente de souvenirs et de momies – et les faux ne tardèrent pas à abonder. En 1837, Scott écrivait : «Car l'engouement manifesté par les voyageurs pour ce genre de pacotille en rend le commerce fort lucratif et ouvre toute grande la porte à la fraude en favorisant la fabrication de momies.» L'étude radiographique devait corroborer les assertions de Scott. [...]

Détermination de l'âge et du sexe : on peut habituellement assigner une date à un cercueil par l'examen de ses hiéroglyphes et de son style, mais rien ne permet de supposer qu'il contient son occupant initial. [...]

Dans l'un des cas étudiés, une momie dépourvue de bandelettes semblait être celle d'une femme de 75 ans; or, l'examen radiographique devait révéler qu'il s'agissait de la momie d'une jeune fille d'environ 17 ans.

Corrélations entre les résultats des examens radiographiques et les techniques d'embaumement connues : il a été possible d'établir de telles corrélations en particulier sur des momies de la XXIe dynastie pour lesquelles les paquets de viscères introduits dans la cavité abdominale, les

yeux artificiels et le remplissage sous-cutané constituent des critères d'identification. [...]

Mise en évidence des amulettes : [...] étant opaques aux rayonnements, ces amulettes sont facilement détectées et ont pu être, le cas échéant, aisément localisées et extraites par de petites incisions pratiquées dans les bandelettes.

La paléopathologie : [...] Moodie remarquait : «La radiologie complète toutes les autres méthodes d'investigation sur les maladies dans l'Antiquité.» Initialement on s'attendait à ne découvrir que des lésions osseuses, mais tel ne fut pas le cas. [...]

Ostéo-arthrite : l'ostéo-arthrite [arthrose, ndlr] de la colonne vertébrale était fréquente. Des 133 momies examinées, 88 étaient des momies d'adultes. [...] Le pourcentage en fonction du sexe va de 7 à 27. [...]

Lignes correspondant à un arrêt de croissance : on pouvait noter la présence de ces lignes sur un peu plus de 30 % des sujets examinés. [...]

Fractures : on a pu constater de nombreuses fractures et luxations, en particulier sur les momies des dernières époques, mais presque toutes étaient postérieures à la mort. [...] Autres caractéristiques pathologiques des os : l'état des pieds indique que ceux-ci n'étaient pas maintenus par des chaussures. [...]

Etat dentaire : la radiographie a révélé que les affections dentaires étaient très fréquentes. [...]

Lésions des tissus mous [...] : sur les 27 momies du musée de Leyde, 20 sont celles d'adultes. Sur 4 au moins de ces momies, on a pu constater une calcification très prononcée des artères des membres inférieurs. [...]

On a reconnu la présence quasi certaine de calculs biliaires sur l'une des

133 momies et peut-être même sur une autre. [...]

Sur de nombreuses momies, les disques intervertébraux étaient opacifiés. L'opacification est presque certainement imputable au procédé utilisé pour l'embaumement et non pas à la maladie.

Affections importantes non mises en évidence : Il a été impossible de déceler les traces de maladies importantes : cancer, tuberculose, syphilis, lèpre, rachitisme.

P .H. K. Gray,
«Radiographie des momies
de l'Egypte antique»,
Radiographie et photographie médicales,
n°8, 1969, Kodak-Pathé éd.

Ramsès II à Paris

L'opération Ramsès II représente le sommet de l'étude des momies de musée. Les moyens employés ici ont permis d'aller très loin dans l'exploration, tout en respectant l'intégrité de la dépouille du pharaon.

En 1975, après accord au plus haut niveau entre l'Egypte et la France, la momie de Ramsès II est amenée à Paris pour y être «traitée». Reçue avec les honneurs dus à un chef d'Etat, la momie sera non seulement traitée mais aussi explorée, cet aspect des choses étant toutefois limité par l'impératif de respecter rigoureusement l'intégrité du corps. De nombreuses méthodes seront utilisées, dont la radiographie. Celle-ci va mettre en évidence, outre un certain nombre d'états pathologiques, des artefacts résultant du processus de momification. Un examen radiographique simple a pu déboucher sur des conclusions médico-légales : Ramsès II a été victime d'une fracture du rachis cervical lors du travail de

Ramsès II de son vivant : un personnage altier, au port royal.

momification et plus précisément lors de l'introduction de résine dans la cavité crânienne. Deux clichés permettent d'affirmer cette fracture et le moment où elle s'est produite :

[...] Cliché de profil du rachis cervical : Il explique l'aspect caractéristique, dysharmonieux, de la lordose cervicale visible macroscopiquement. Il montre :

1. Une série d'anomalies congénitales :
– éperon occipital : protubérance occipitale externe très développée;
– sténose de l'arc postérieur de l'atlas rompant l'aspect harmonieux du cône ostéo-aponévrotique formé par le trou occipital et les premières vertèbres cervicales;
– l'ensemble du canal rachidien cervical est congénitalement étroit. On peut l'évaluer à une valeur de 10 à 12 mm de diamètre sagittal (valeurs corrigées de l'agrandissement radiographique);
– méga-apophyse épineuse de C2;
– lame osseuse longitudinale se projetant au niveau des épineuses de C3 à C5.

2. Des signes patents de spondylarthrite ankylosante :

– présence de deux blocs vertébraux : cervical supérieur et cervical inférieur;
– hauteur discale conservée;
– syndesmophytes d'assez grand développement.

3° Une importante modification de la lordose cervicale au niveau de C5-C6, réalisant un rétrolisthésis de C5 sur C6. Ce rétrolisthésis entraîne un rétrécissement du canal rachidien dont le diamètre antéro-postérieur tombe à 7 mm environ. Ce diamètre est en lui-même incompatible avec la vie car il entraînerait une compression médullaire importante. Rappelons que le diamètre sagittal de la moelle est, à ce niveau, de l'ordre de 10 mm. L'angle formé par les deux segments du rachis cervical est voisin de 40°.

Cliché de profil du crâne. Il a été pris, la momie étant en decubitus dorsal, strictement de profil. Il montre entre autres, une opacité dense de la moitié inférieure de la cavité crânienne reflétant la présence de la résine versée par les embaumeurs.

On sait que cette opération intervenait après l'éviscération. La limite supérieure de la résine est pratiquement plane, mais elle n'est pas horizontale. Elle forme avec l'horizontale un angle voisin de 40°, semblable à celui que présente le rachis cervical au niveau de C5-C6.

La conclusion était simple dès lors : au cours de la momification, on a fracturé le rachis cervical de Ramsès II. La réalité de cette fracture est fournie par la réunion des informations contenues dans le cliché crânien et dans celui du rachis cervical par un calque. Si on replace la partie supérieure du rachis cervical et le crâne, de manière à rétablir l'horizontalité du niveau de résine, on rétablit du même coup l'harmonie de la lordose cervicale et l'on prouve ainsi la réalité de la fracture post mortem lors de la réplétion de la cavité crânienne par la résine. Un petit ménisque adjacent au niveau liquide principal et à la voûte occipitale fait penser qu'une partie de la résine est venue se solidifier à ce niveau, postérieurement à la fracture du rachis cervical. Le moment de la fracture est donc contemporain de la réplétion du crâne à l'aide de la résine.

R.J. Lichtenberg et A.C. Thuilliez, «Sur quelques aspects insolites de la radiologie de Ramsès II» *Bulletin et mém. de la Société d'anthropologie. de Paris*, t. 8, série XIII, 1981,

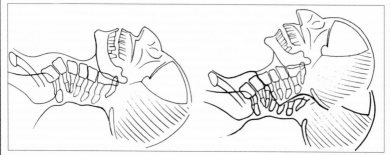

Reconstitution des événements : la position de la tête sur la momie telle qu'elle a été trouvée (à gauche), avant la fracture (à droite, en haut) et après (en bas).

L e site de Douch et quelques-unes des 700 momies exhumées.

Les momies de la nécropole de Douch : le témoignage d'une expérience récente

Les momies conservées dans les musées sont bien souvent de provenance inconnue. Elles ont en outre été choisies essentiellement pour leur bonne facture. Avec l'étude sur le terrain, on obtient un meilleur échantillonnage d'une population dans son ensemble.

En 1976, S. Sauneron, directeur de l'Institut français d'archéologie orientale du Caire, obtient la concession de fouille du site de Douch, petite bourgade à l'extrême-sud de l'oasis de Kharga, dans le désert libyque. Le site connu dès les premières années du XIXe siècle (Cailliaud) était resté inexploré. Pourtant un temple de pierre presque intact, entouré d'une vaste enceinte de brique crue, un temple de brique crue, les restes d'une bourgade dont la population a pu être évaluée à 5000 habitants à l'époque de sa prospérité, une vaste nécropole, tout cela montrait bien l'intérêt du site. L'occupation prouvée se situe entre le Ier siècle avant notre ère et le début du Ve siècle apr. J.C., ce qui correspond essentiellement à la domination romaine. Bien qu'on se trouve à une période très tardive, la

persistance des traditions culturelles et religieuses dans cette petite bourgade éloignée des centres du pouvoir apparaît très frappante.

La fouille (encore incomplète) des nécropoles a permis de ramener au jour plus de 700 corps à l'état de momie ou de squelette. En fait l'étude attentive des squelettes a montré qu'en règle générale ils portaient des traces de momification. Le mauvais état des restes humains s'explique par le pillage systématique et par le fait que l'eau venant des canaux d'irrigation a envahi les tombes, la nécropole étant établie à proximité

immédiate des champs cultivés.Les squelettes ont été étudiés par l'anthropologie ostéométrique classique; en revanche la présence d'un grand nombre de momies en état satisfaisant a donné l'idée de mener une étude radiologique sur le terrain. On a pu ainsi pour la première fois constituer une série homogène et par là-même établir un bilan de population, à la différence des études pratiquées sur les momies de musées.

Il a donc fallu installer une «chaîne radiologique» complète dans un milieu désertique, dépourvu d'eau courante et de distribution électrique. La production des rayons X était assurée par un appareillage portatif classique alimenté par le groupe électrogène du chantier. Le laboratoire de développement a posé plus de problèmes, mais en définitive les résultats obtenus sont comparables aux clichés réalisés en pratique courante.

Les momies, généralement privées de leurs parures et bandelettes, sont souvent encroûtées de sable ce qui impose un nettoyage soigneux de façon à éviter les artefacts radiologiques. Une description clinique suit ainsi qu'une couverture photographique de type anthropométrique. La radiographie est ensuite mise en œuvre : elle comporte au moins huit clichés couvrant l'intégralité du sujet, avec une particulière attention pour le crâne. Les zones paraissant d'un intérêt particulier sont explicitées par des clichés complémentaires. Les clichés sont réalisés à une distance focale de trois mètres avec usage d'une mire plombée qui autorise ultérieurement une correction de l'agrandissement géométrique. Dans quelques cas, des prélèvements sont effectués à des fins d'analyse : cheveux, ongles, peau, résine et produits d'embaumement... Au terme de ces explorations, les momies dûment étiquetées sont replacées dans les tombes choisies pour leur facilité d'accès et leur sécurité.

Résultats :

Sur le plan méthodologique la comparaison entre l'anthropologie ostéométrique et la radio-ostéométrie a donné des résultats concordants permettant de fusionner les deux séries (squelettes et momies). Nous avons affaire à une population de type méditerranéen gracile, de taille moyenne (hommes 1,65 m, femmes 1,55 m), leucoderme, dolichocéphale ou mésocéphale, aux cheveux ondulés. Les caractères anthropologiques négroïdes sont très peu marqués ce qui ne laisse pas d'être étonnant, compte tenu de la proximité des populations nubiennes. On retrouve pratiquement les traits qui caractérisent les populations de la vallée du Nil.

La pathologie est assez richement représentée. Les traumatismes ont entraîné plusieurs fractures causes du décès (fracture du col fémoral chez une vieille femme, du crâne chez un enfant par exemple). Les travaux manuels semblent responsables de la grande fréquence de l'arthrose vertébrale : 74 % des 38 adultes; radiographiés avec une fréquence de 84 % pour ce qui est de la scoliose! Ces mêmes sujets présentent des stries d'arrêt de croissance dans presque deux tiers des cas (pratiquement le double des chiffres de Gray), ce qui suppose des périodes de disette non rares. Des maladies parasitaires bien connues en Egypte encore actuellement, filaire de Médine et surtout bilharziose, ont été identifiées. Malgré cet état pathologique global qu'il faut bien qualifier de médiocre, l'âge moyen au décès peut être évalué à 38 ans, compte non tenu toutefois de la mortalité périnatale qui devait être très élevée. La momification apparaît quasiment généralisée. Les momies représentent environ les deux cinquièmes de l'ensemble des restes humains; en outre, les squelettes présentent, pour la plupart, des artefacts caractéristiques de la momification. Les mauvaises conditions de conservation expliquent cette situation. Contrairement à l'opinion dominante, le traitement des corps est de bonne qualité : sans doute l'éviscération abdominale est rare, mais l'éviscération crânienne est très fréquente : 33 cas sur 51 crânes étudiés, soit 65 %. On observe également des différences dans la facture des momies montrant la permanence des catégories de traitement déjà décrites par Hérodote, de la plus rudimentaire à la plus élaborée. Cette dernière s'accompagne dans certains cas de dorure corporelle, en particulier sur le visage. L'étude des momies étaie ainsi celle du mobilier funéraire pour l'évaluation de la richesse relative des tombes et conduit à mettre en évidence une différenciation sociale au sein de cette population qui ne nous a fourni par ailleurs que très peu d'informations écrites.

F. Dunand et R. Lichtenberg, 1991

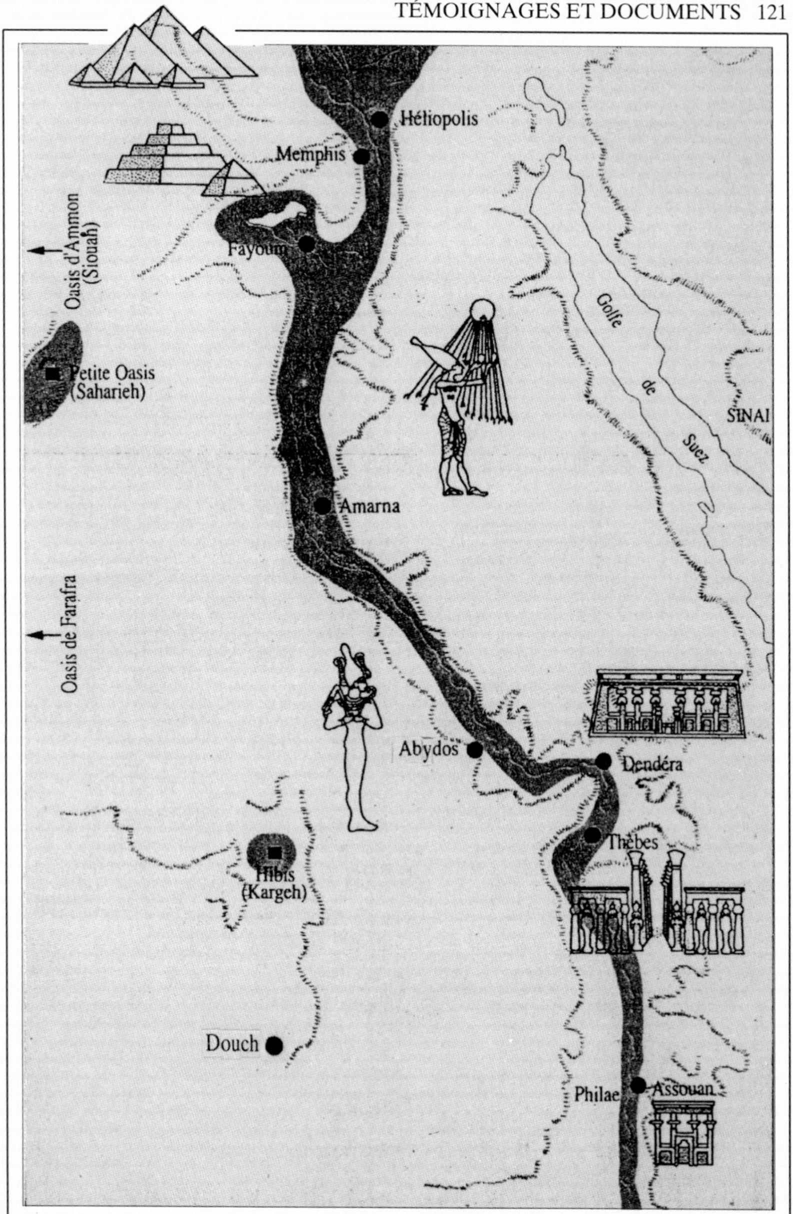
Héliopolis
Memphis
Fayoum
Oasis d'Ammon
(Siouah)
Petite Oasis
(Saharieh)
Golfe
de
Suez
SINAI
Amarna
Oasis de Farafra
Abydos
Dendéra
Thèbes
Hibis
(Kargeh)
Douch
Philae
Assouan

BIBLIOGRAPHIE

Andrews C., *Egyptian Mummies*, British Museum, London, 1984.

Balout L., Roubet C. et coll., *La Momie de Ramsès II*, éd. Recherche sur les civilisations, Paris, 1985.

Barguet P., *Le Livre des morts des anciens Egyptiens*, Cerf, Paris, 1967.

Barguet P., *Les Textes des sarcophages égyptiens du Moyen Empire*, Cerf, Paris, 1986.

Cockburn A., et E. et coll., *Mummies, Disease and Ancient Cultures*, Cambridge, 1980.

David R.A. et coll., *The Manchester Museum Mummy Project*, Manchester Museum, Manchester, 1979.

Dawson W. R. et Gray P. H. K., «Mummies and Human Remains», *Catalogue of Egyptian Antiquities in the British Museum, I*, London, 1968.

Derchain P., «La Religion égyptienne», dans *Histoire des religions I*, Encyclopédie de la Pléiade, Gallimard, Paris, 1970.

Dunand F. et Lichtenberg R., «Les Momies de la nécropole de Douch», *Archéologia*, n° 240, nov. 1988.

Dunand F. et Zivie-Coche C., *Dieux et hommes en Egypte*, Armand Colin, Paris, 1991.

El Madhy C., *Momies. Mythes et Magie*, Casterman, Paris, 1990.

Fleming S. et coll., *The Egyptian Mummy, Secrets and Science*, University of Pennsylvania, Philadelphia, 1980.

Gardiner A. H., *The Attitude of the Ancient Egyptians to Death and the Dead*, Cambridge, 1935.

Goyon J.-C., *Rituels funéraires de l'ancienne Egypte*, Cerf, Paris, 1972.

Goyon J.-C. et Josset P., *Un corps pour l'éternité, autopsie d'une momie*, Le Léopard d'or, Paris, 1988.

Gray P .H. K., *Radiological Aspects of the Mummies of Ancient Egyptians in the Rijksmuseum van Oudheden*, Leiden, OMRO, 47, 1966.

Grimal N., *Histoire de l'Egypte ancienne*, Fayard, Paris, 1988.

Grimm G., *Die Römischen Mumienmasken aus Ägypten*, Wiesbaden, Steiner Verlag, 1974.

Hamilton-Peterson J., Andrews C., *Mummies : Death and Life in Ancient Egypt*, Harmondsworth, 1978.

Harris J. E. et Weeks K. R., *X-Raying the Pharaohs*, Scribner's Sons, New York, 1973.

Hornung E., *Les Dieux de l'Egypte. Le Un et le multiple*, trad. fr., Le Rocher, Paris, 1986.

Leca A. P., *La Médecine égyptienne au temps des pharaons*, Dacosta, Paris, 1971.

Leca A. P., *Les Momies*, Hachette, Paris, 1976.

Lefloch-Prigent P. et Laval-Jeantet M., «Scanographies de momies anciennes», *Bull. et Mem. Soc. Anthrop. de Paris*, T. 3, n° 2, 1986.

Lichtenberg R., *Examen radiologique des momies de Douch*, ASAE, LXX, 1984.

«Mummies and Magic», «The Funerary Arts of Ancient Egypt», *Catalogue de l'Exposition de Boston*, Northeastern Univ. Press, Boston, 1988.

Parlasca K., *Mumienporträts und verwandte Denkmäler*, Wiesbaden, Steiner Verlag, 1966.

Spencer A. J., *Death in Ancient Egypt*, Penguin books, Harmondsworth, 1982.

Yoyotte J., «Le Jugement des morts», *Sources orientales 4*, Le Seuil, Paris, 1961.

Zandee J., *Death as an Ennemy according to Ancient Egyptian Conceptions*, Leyde, 1960.

TABLE DES ILLUSTRATIONS

COUVERTURE

1er plat Photographie d'une momie de Douch. Livre des morts de Nebqed; Paris, musée du Louvre. dos Sarcophage de la dame Isis. Le Caire, Musée égyptien.

4e plat Livre des morts de Tehenena, Ba du défunt volant sur son corps. Paris, musée du Louvre.

OUVERTURE

1 à 9 photographies de momies de la nécropole de Douch

11 Sarcophage et momie d'Ankhet. Londres, British Museum.

CHAPITRE I

12 Pietro della Valle, «Examen des momies à Dachour», gravure, 1674.

13 Belzoni, «La Grande Chambre de la seconde pyramide de Gizeh, 1818», lithographie.

14 B. de Maillet, «Figure des momies», gravure. Paris, Bibl. nat.

15h Pyramides et sphinx de Gizah,

d'après *Les Voyages et Observations du Sieur de la Boullaye-le-Gouz,* 1657

15b Léon Cogniet, détail du plafond de la salle Campana, «Expédition d'Egypte sous les ordres de Bonaparte». Paris, musée du Louvre.

16 Léon Cogniet, *idem.*

17 et 18-19 Planches pour la *Description de l'Egypte,* aquarelles. Paris, Bibl. nat.

20-21 Scène de débandelettage à Manchester. Manchester Museum.

21h Luigi Mayer, «Antiquités égyptiennes dans le vestibule d'une maison de campagne à Bulac», in *Views in Egypt,* Londres 1801-1804. Paris, Collège de France.

21b Momie de Ramsès II, photographie. Paris, Collège de France.

22h Ouverture de la tombe de Toutankhamon, photographie. Paris Collège de France.

22b Masque d'or du prince Khaemouset. Paris, musée du Louvre.

23 Mannequin de la tombe de Toutankhamon, photographie. Paris Bibl. nat.

24h Pectoral de Chechanq II trouvé à Tanis. Le Caire, Musée égyptien.

24b Plaque de flanc en or de Psousennès trouvée à Tanis. Le Caire, Musée égyptien.

24-25 Momies

exhumées à Antinoé, photographie.

25 Sandales en or de Psousennès trouvées à Tanis. Le Caire, Musée égyptien.

CHAPITRE II

26 Sarcophage. Hildesheim, Pelizaeus Museum

27 Momie prédynastique. Lyon, musée Guimet d'histoire naturelle.

28 Momie prédynastique de Gebelein, dite de Ginger. Londres, British Museum.

29h Pseudo-canopes. Londres, British Museum.

29m Paquets canopes. Lyon, musée Guimet d'histoire naturelle.

29b Momie. Turin, Musée égyptien.

30h Instruments d'embaumement. Paris, musée du Louvre.

30-31 Sarcophages canopes et coffre surmonté d'Anubis couché. Paris, musée du Louvre.

31 Momie de Sethi Ier.

32 Momie. Lyon, musée Guimet d'histoire naturelle.

32-33 F. Cailliaud, *Voyage à Méroé,* «Vue de la momie développée de ses bandelettes», gravure. Paris , Bibl. nat.

33 Momie et sarcophage de prêtresse. Londres, British Museum.

34h Momie d'enfant, nécropole de Bagawat, photo. Metropolitan Museum, New York.

34m Amulettes. Paris, musée du Louvre.

34-35 Papyrus d'Ani, scène de funérailles. Londres, British Museum.

35 Momie d'Antinoé.

36g Momie à portrait. Manchester Museum.

36d Momie de Douch.

37g Linceul d'enfant d'Antinoé. Paris, musée du Louvre.

37d Momie dite «de la brodeuse d'Antinoé». Bruxelles, Musées royaux d'art et d'histoire.

38m Masque d'Anubis. Hildesheim, Pelizaeus Museum.

38b Sarcophage (détail). Hildesheim, Pelizaeus Museum.

38-39 Livre des morts, procession funéraire. Paris, musée du Louvre.

39 Modèle de barque funéraire. Paris, musée du Louvre.

CHAPITRE III

40 Livre des morts de Tehenena, Ba du défunt volant sur son corps. Paris, musée du Louvre.

41 Tombe d'Arinefer à Deir el Medineh, l'ombre du défunt apparaît devant la porte.

42 Amulette en forme de grenouille.

42-43 Trois statues de Sekhemka. Paris, musée du Louvre.

43 Tombe de Thoutmosis III, la barque solaire.

43 Tête de réserve, Le Caire. Musée égyptien.

44h Sarcophage de Taneteret, la défunte

adorant le dieu solaire. Paris, musée du Louvre.

44b Cuve funéraire de Khonsou. Le Caire, Musée égyptien.

45g Statuette d'Osiris, schiste doré. Paris, musée du Louvre.

45d Résurrection d'Osiris, Temple de Denderah.

46h Livre des morts de Nebqed, cérémonie d'ouverture de la bouche. Paris, musée du Louvre.

46b Livre des morts de Maïherperi, scène de pesée du cœur. Le Caire, Musée égyptien.

47h Livre des morts d'Hunefer, scène de pesée du cœur. Londres, British Museum.

47b Livre des morts d'Ani. Londres, British Museum.

48-49 Livre des morts. Paris, Bibl. nat.

50h Livre des morts d'Ani. Londres, British Museum.

50b Naos de faucon. Le Caire, Musée égyptien.

51g Momie de faucon. Lyon, musée Guimet d'histoire naturelle.

51d Momie de faucon. Le Caire, Musée égyptien.

52hg Momie d'ibis, dessin aquarellé pour la *Description de l'Egypte.* Paris, Bibl. nat.

52hd Pot contenant des momies d'ibis. Lyon, musée Guimet d'histoire naturelle.

52b Stèle dédiée par Ptolémée V au taureau Boukhis. Le Caire, Musée égyptien.

53 Bélier sacré momifié de l'île d'Eléphantine, in Lortet et Gaillard, *La Faune momifiée de l'ancienne Egypte,* 1905-1909. Lyon, musée Guimet d'histoire naturelle.

54-55 Momies d'animaux; Lyon, musée Guimet d'histoire naturelle. Momie de chat; Paris, musée du Louvre. Deux chats et un chien; Turin, Musée égyptien. Un crocodile; Le Caire, Musée égyptien.

CHAPITRE IV

56 Luigi Mayer, «Sarcophage de Khéops». Paris, Collège de France.

57 Sarcophage intérieur du chancelier Nakhti, détail des yeux. Paris, musée du Louvre.

58h Luigi Mayer, «La Seconde Pyramide de Gizeh». Paris, Collège de France.

58b Tombe de Sennedjem à Deir el Medineh, d'après Bruyère. Le Caire, Institut français.

59h Restitution du tombeau monumental de la reine Meirneth à Saqqara.

59b Rifaud, coupe d'un hypogée à Gournah, gravure. Paris, Centre Golenitcheff.

60h Tombeau de Sethi Ier à Thèbes.

60b Stèle de Nefertiabet. Paris, musée du Louvre

61hg Panier rempli de gigots découvert dans

une tombe de Deir el Bahari, photographie. Paris, Collège de France.

61hd Miroir en bronze. Paris, musée du Louvre.

61b Modèle de grenier. Paris, musée du Louvre.

62hg Coffre à canopes de Psamétik. Paris, musée du Louvre.

62hd *Shaouabti* et modèle de cercueil d'Amenhotep. Le Caire, Musée égyptien.

62b *Shaouabtis* de Neferibrê. Paris, musée du Louvre.

63 Sarcophage de Ménouf, in Alexander *Egyptian Monument,* Londres 1805, lithographie. Paris, Bibl. nat.

64 Cercueils de Tamoutnéfret, chanteuse d'Amon. Paris, musée du Louvre.

64-65 Momie de Pachéry. Paris, musée du Louvre.

65 Toile de momie peinte, le mort entre Osiris et Anubis. Paris, musée du Louvre.

66 Portrait funéraire d'Ammonius. Paris, musée du Louvre.

67g Portrait funéraire de femme. Paris, musée du Louvre.

67d Masque de momie. Paris, musée du Louvre.

68g Cartonnage d'Artémidoros. Londres, British Museum.

68d Revêtement de la momie de Hekaemsaf. Le Caire, Musée égyptien.

69h Vêtements découverts dans une tombe, aquarelle de la *Description de l'Egypte.* Paris, Bibl. nat.

69b Sarcophage de la dame Madja. Paris, musée du Louvre.

70 Luigi Mayer, «Vue intérieure de catacombes près d'Alexandrie». Paris, Collège de France.

70-71 Photographies prises lors de l'ouverture de la tombe de Toutankhamon. Paris, Collège de France.

72g Photographie de fouilles au début du XXe siècle.

72d Papyrus Abott, procès des pilleurs de tombe sous Ramsès IX.

73 «Déménagement» de la tombe de Toutankhamon, photographie. Paris, Bibl. nat.

74 Tombe de la nécropole de Douch.

74-75 Wilkinson, croquis, *Egyptian drawings.* Paris, Bibl. nat.

75 Wilkinson, femme pillant une tombe à Thèbes, *idem.*

CHAPITRE V

76 Radiographie du nez de Ramsès II.

77 Bras de momie, aquarelle pour la *Description de l'Egypte.* Paris, Bibl. nat.

78g A. C. Mace dans le tombeau de Sethi II à Louqsor. Paris, Bibl. nat.

78d Photographie de

Gaston Maspéro.

78-79 Sarcophages et canopes dans l'ancien musée de Boulaq, au Caire.

79 L'équipe de sir William Flinders Petrie.

80 Photographie de la momie de Thoutmosis II et de la momie supposée de Thoutmosis Ier. Paris, Collège de France.

81 Séance de radiographie de momie au musée Guimet d'histoire naturelle, in *Je sais tout,* 1926.

82h Radiographie du crâne de Ramsès II.

82b Momie de Ramsès II.

83 Radiographie des pieds de Ramsès II.

84-85 La momie de Ramsès II à Paris.

86h R. Lichtenberg radiographiant une momie de Douch.

86b Un collaborateur de l'équipe à Douch.

87h Photographie et radiographie d'une momie de grenouille.

87b Profil du «prêtre de Douch» avec traces de dorure.

88-89 Sarcophage, détail. Hildesheim, Pelizaeus Museum.

89 Radiographie du crâne de la momie de Lyon, musée Guimet d'histoire naturelle.

90 Empreintes digitales d'une momie de Douch.

91g Radiographie de membres inférieurs d'une momie montrant des stries d'arrêt de croissance.

91d Pied bot du pharaon Siptah.

92h Mâchoire

supérieure d'une momie de Douch.

92b Statuette de Ptah patèque. Paris, musée du Louvre.

93h Photographie du crâne et du cerveau momifié, radiographie du crâne d'une momie de Douch.

93b Momie d'une fillette de Douch et son postiche.

94g Religieux momifié, Palerme, cimetière du couvent des Capucins, photographie J. Fernandez.

94d Momie péruvienne. Paris,

musée de l'Homme.

95 Momies de Guanajuato au Mexique.

96 Pleureuses de la tombe de Ramosé, Sheikh Abd el Gourna.

TÉMOIGNAGES ET DOCUMENTS

97 Tête de momie bandelettée et peinte. Turin, Musée égyptien.

98 Masque et plastron de momie. Boston, Museum of Fine Arts.

100 Harpiste atteint d'une cyphose, dessin.

101 Pot à huile

d'embaumeur. Paris, musée du Louvre.

102 Buste d'Hérodote.

103 Sarcophage dit «d'Alexandre»,in Alexander *Egyptian Monument,* Londres 1805, lithographie. Paris, Bibl. nat.

104 Tombe de Ramsès VI à Thèbes, salle du sarcophage.

107 Européen visitant une tombe vers 1860, gravure.

108-109 Photographies prises lors de la découverte de la tombe de Toutankhamon. Paris, Collège de

France.

111 Momie de Séthi Ier.

112 Séance de radiographie de momie, in *Je sais tout,* mars 1926.

113-114 Radiographies de momie par Gray.

116 Profil de Ramsès II. Paris, musée du Louvre.

117 Fracture cervicale de Ramsès II, dessins de R. Lichtenberg.

118 Ruines de Douch.

119 Momies exhumées à Douch.

121 Carte du Nil situant Douch.

INDEX

A

Aahotep 21.
Abcès 91.
Abd er Rassoul 21.
Abydos 22, 44.
Age de la mort 91.
Ahmosis Ier 21.
Ame voir *Ba.*
Aménophis Ier 21.
Aménophis II 22, 61.
Aménophis III 51.
Ammit 46.
Amulettes 14, 34, *34,* 20, *72,* 75.
Animaux momifiés 20, 50-53, *54.*
Anthropologie 25, 86, 89.
Antinoé 25, *25.*
Anubis *31, 38, 44,* 46, *47, 49.*
Apis 51, 52.
Aromates 89.
Artériosclérose *83.*
Arthrose 92, 93.

B

Ba 41, 42, 46.

Babouin *42,* 50.
Balout, L. 83.
Bandelettage 29, 33, 34, 36, 64, 73; en losange 36, *36;* - d'animaux *50,* 53, *55.*
Barque *39.*
Barque solaire *42.*
Bastet 53, *55.*
Baumes 32, 89.
Bélier 51, *53.*
Belzoni 13.
Bertolotti 80.
Bitume voir résine.
Bonaparte 14.
Boukhis 52, *52.*
Brodeuse d'Antinoé *36.*
Bubastis 53, *55.*

C

Cailliaud, Frédéric *32.*
Caries 92.
Carter, Howard *22,* 23.
Cartonnage *36,* 63, 64, *65.*
Cercopithèque *55.*
Cerveau 32.
Champollion, Jean-

François 15, *15, 29.*
Chats 50, 51, 53, *55.*
Chéchanq 23, *24.*
Chiens 50.
Choachyte 39.
Cimetière des capucins (Palerme) 94, *94 .*
Cockburn A. 83.
Cœur 32.
Coffre canope *31, 62.*
Cogniet, Léon *15.*
Concubines du mort 62.
Confession négative 46, *47.*
Contrôleur des mystères 38.
Couronne Atef *45.*
Crocodile *55;* - sacrés 52.
Croix ansée *34.*
Cultes d'animaux 51, 52.
Culte funéraire 39.
Cynocéphale 53.

D

David, R. 83.
Débandelettage

(séance de) 20, 78.
Deir el Bahari 21, 30, 78.
Demeure d'éternité, de millions d'années 46.
Dentition 87, 88, *88,* 91, *92, 92.*
Description de l'Egypte 14, 19.
Dessiccation 28, 30, 35, 39, 88, *88.*
Dorure de la momie *36, 87.*
Douch 25, 53, 73, *74, 87,* 91, *92,* 93.

E

Eau lustrale *88.*
Eléphantine 51, 52, *53.*
Emasculation 87, *87.*
Embaumeur 38, *38.*
Empruntes digitales 89, *90.*
Ermant 52.
Eviscération 29, 30, 32, 39, 88; orifice d'- 32, *61,* 88.
Expédition d'Egypte 14, *17.*

F

Faucon *50*, 51.
Fayoum 25, 52, *55*.
Fouquet 14.
Fractures *83*, 92, *93*.
Funérailles 39.

G

Ginger *28*.
Gournah 21, *59*.
Gray, P. H. K. 80, 91.
Grenouille *42*, 53, *87*.

H

Harris 80.
Hathor *47*.
Hatshepsout 21.
Héliopolis 52.
Herminette *30*.
Hermopolis 53.
Hérodote 31, 32, 35, 52, 86.
Hetepheres 29.
Horus *31*, 45, *45*, *49*, *50*, 51.
Hypogée 51, 58, *59*, 71, *71*.

I

Ibis *52*, 53.
Inhumation 39, *46*.
Instruments de momification 30, *30*.
Ipy 30.
Isis 45, *45*.

J

Jeu de sénet *44*.
Je sais tout 80.
Jugement des dieux 46, *47*.
Justifié 47, 51.

K

Ka 42.
Khéops 14, 29, 59.
Khéphren 14, 59, *59*.

Khnoum 53.
Kom Ombo 52, *55*.
Kystes *92*.

L

Lavage du corps 32, 35, *88*.
La Fontaine 14.
Linceul peint *36*, 37, 65.
Lit funéraire 32, *45*.
Livre des cavernes 47.
Livre de ce qui est dans le Douat 47.
Livre des morts 34, 42, 44, 47, *49*, 50, *50*, 61, *62*,.
Livre des portes 47.
Loret, Victor 22.
Luxations 94.

M

Maât 46.
Mace *79*.
Maladies *90*, 91, 92, 93.
Marais primordial *42*.
Mariette *79*.
Maspero, Gaston 21, *21*, 22, 79.
Masque funéraire *17*, *33*, 64, *67*.
Mastabas 58, *59*.
Memphis 50, 51.
Mendès 51, 52.
Miel 92.
Mnevis 52.
Mohamed Pacha Tewfik *21*.
Momies amérindiennes *95*; -mexicaines. *95*.
Momification, processus 28-39, 86-89.
Montet, Pierre 23.
Montou *52*.
Montouhotep *30*.
Moodie 80.
Mort (la) *41*, 42.
Mumia 14.
Murray, Margaret *20*.
Musées de Boulaq 22, 78, *79*; - du Caire *73*, 78, 80.

Mykérinos 15, *59*.
Mythes royaux *44*.

N

Nanisme achondroplase *92*.
Natron 29, 32, 35, 39, 88, *88*, 89.
Nécropoles 38, 39, *39*; - des Vaches Sacrées
Mères d'Apis 51; exploration des - 22-25.
Nécrotaphe 39.
Nefertari 21.

O

Océan céleste *42*.
Œil Oujdat *34*.
Offrandes *28*, 39, 46, 61, *61*.
Opet *47*.
Osiris 34, 38, 44, 45, *45*, 49, *61*, 64, 87.
Ouabet 38.
Ouverture de la bouche *30*, 46, *46*.

P

Paraschiste 39.
Patèque *92*.
Per-nefer 38.
Personnel chargé de la momification 38.
Pesée du coeur 46, *47*.
Petrie, W. M. F. *20*, 79, *79*.
Pharaon, mort du 43.
Pied bot *90*.
Pilier Djed *34*, *49*.
Pillages 19, 20, 34, 71-75.
Place pure 38.
Portrait peint *36*, 64, *69*, *33*, 53.
Position osirienne 31, 87.
Présentation du mort à Osiris *47*, *65*.
Prêtres 38, 39, *39*.
Prêtre lecteur 38.
Prothèses *87*, 88.

Psousennès Ier 24, *24*, 64, 75.
Psychostasie 46, *47*.
Pyramides 50, *57*, 58, *59*, 71.

R

Radiologie, radiographie 77 à 96, *80*, *82*, *83*, *86*, *87*, *89*, *90*.
Ramsès II 21, *21*, 73, 77, *82*, 83, *83*, *84-85*, 94.
Ramsès IX 72, *72*, 74.
Rayons X 23, 79.
Résille *69*.
Résine 29, *30*, 32, 34, *80*, *82*, 89, *89*.
Rituel d'embaumement 33.
Roubet, C. 83.

S

Santé 91-93.
Saqqara 22, *22*, 51, *55*.
Sarcophage 14, 15, 22, 24, *33*, *36*, 44, 45, 59, 63, *63*, 64, *69*; - d'animaux 50, *50*, 51, *55*.
Scanner 82, *89*.
Scarabée *42*.
Sceptre *45*.
Scoliose *92*.
Seqenenre Taa II 80.
Serapeum 51, *79*.
Serpent *49*, 55.
Service des antiquités de l'Egypte *20*, *79*.
Seth 45.
Séthi Ier 21, *31*, 73, 73.
Shaouabtis *17*, 61, 62, *62*, 63.
Smith G. E. 79.
Sobek 52.
Soleil *42*, 43.
Sous-alimentation *90*, 91.
Statue funéraire 42, *43*.
Stries d'arrêt de croissance *90*, 91, 93.

T

Tanis 23, 24, *24*, *75*.
Taricheute 39.
Taureau 51, 52.
Tête de réserve *43*.
Textes des pyramides 50.
Textes des sarcophages 50, 63.
Thaïs *35*.
Thot *42*, 47, 53.
Thoutmosis Ier 21, *51*, 80, *80*.
Thoutmosis II 21, *80*.

Thoutmosis III 21, *42*, 88, 94.
Thoutmosis IV 79.
Tissus humains 82, 83, 90.
Tombe 28, *41*, 46, *46*, 58-63, 71-75; -
architecture 58, 59.
Tomodensitométrie voir scanner.
Toutankhamon *22*, 23, 34, 61, 64, *71*, *73*.
Traîneau funéraire *35*.
Transformation du mort en Osiris 49.
Transport du mort *35*,

39, *39*.
Typhoïde *92*, 93.

V

Vallée des Reines 25, 72.
Vallée des Rois 22, 25, 72.
Vases canopes 29, *29*, 61, 62.
Végétaux 89.
Vie 42.
Vie dans l'au-delà, autre vie, seconde vie 42-50, 60, 61.

Viscères 29, *31*, 34, 35, 61, *80*.
Voyage au pays des morts, dans le monde souterrain 46, *47*.
Voyage à Méroé 32.

W

Wah 30.
Week 80.
Wilkinson *74*.

X

Xérographie *83*.

CRÉDITS PHOTOGRAPHIQUES

ACL, Bruxelles *37*d. Bibliothèque nationale, Paris 14, 187, 18-19, 32-33, 48-49, 52hg, 63, 69h, 73, 74-75, 75, 77, 78g, 103. Boston Museum of Fine Arts 98. British Museum, Londres 11, 28, 29h, 34-35, 47h, 47b, 50h, 68g. Dagli Orti, Paris 60h. D.R. dos, 12, 13, 15h, 21h, 21b, 22h, 23, 34h, 41, 42, 56, 58h, 58b, 59h, 59b, 70h, 70-71, 72d, 79, 80, 81, 86h, 91d, 92h, 92b, 94g, 96, 97, 100, 102, 104, 108-109, 112, 113-114, 116, 117, 121. F. Dunand 45d. Edimédia, Paris 33. Electa, Milan 29b, 54-55. J. L. Heim 92h, 93bg. FMR/Franco Lovera 43h. IFAO/Alain Leclerc, Paris 74. R. Lichtenberg 1ere de couverture, 1 à 9, 36d, 76, 82h, 82b, 86b, 87h, 87b, 89, 90, 91g, 93h, 93bd, 118, 119. J. Liepe, Berlin 43b, 44b, 46b, 50b, 51d, 52b, 54-55, 62hd, 68d. Musée de l'Homme, Paris 94d. Musée Guimet d'histoire naturelle, Lyon 27, 29m, 32, 51g, 52hd, 53, 54-55. Pelizaeus Museum, Hildesheim 26, 38m, 38b, 88-89. Réunion des musées nationaux, Paris 1ere de couverture, 4e de couverture, 15b, 16, 22b, 30h, 30-31, 34m, 36g, 37g, 38-39, 39, 40, 42-43, 44h, 45g, 46h, 54-55, 57, 60b, 61hd, 61b, 62hg, 62b, 69b, 66-67, 101. Manchester Museum 20-21. Roger-Viollet, Paris 31, 35, 72g, 78d, 78-79, 95, 107, 111. Stierlin/Artephot, Paris 24h, 24b, 24-25, 25. Sygma, Paris 83, 84-85.

REMERCIEMENTS

Les auteurs adressent leurs remerciements à M. Jean-Louis de Cenival, conservateur en chef du Département des antiquités égyptiennes du musée du Louvre et à Mme Marie-France Aubert, conservateur au Département des antiquités égyptiennes du musée du Louvre, à l'équipe de l'Institut français d'archéologie orientale, et à Alain Leclerc, photographe de l'I.F.A.O.

Les Editions Gallimard remercient pour leur aimable collaboration M. Jean-Louis de Cenival, conservateur en chef du département des antiquités égyptiennes du musée du Louvre; M. Luc Limme, conservateur des antiquités égyptiennes des musées royaux de Bruxelles; Mme Marie-Françoise Audouard aux Editions du Chêne; M. Roland Mourer, conservateur au musée Guimet d'histoire naturelle de Lyon.

COLLABORATEURS EXTÉRIEURS

Nathalie Palma a assuré le suivi rédactionnel de cet ouvrage. Dominique Guillaumin a effectué la lecture-correction et le montage des Témoignages et Documents.

Table des matières

I   LA DÉCOUVERTE DES MOMIES

14   Une mode qui fait fureur
16   *Des savants découvrent l'Egypte*
18   *Le plus riche musée de l'Univers*
20   Des rois sortent de leur cachette
22   La tombe de Toutankhamon
24   Des morts anonymes

II   LA LONGUE MISE AU POINT D'UNE TECHNIQUE

28   Des progrès très lents
30   Le savoir-faire du Nouvel Empire
32   Le rituel de la mort
34   L'embaumement à la carte
36   Le chant du cygne
38   L'organisation des «pompes funèbres»

III   VERS L'IMMORTALITÉ

42   Le roi-dieu dans l'océan céleste
44   «Je suis un Osiris»
46   Le jugement des dieux
48   Le voyage au pays des morts
50   Un panthéon d'animaux
52   Divinisés ou sacrifiés
54   La ménagerie des animaux sacrés

IV   DU MYTHE DE LA VIE ÉTERNELLE À LA DURE RÉALITÉ

58   La demeure d'éternité
60   Vivre dans l'au-delà
62   Une troupe de serviteurs
64   Riches et pauvres
66   *Des morts qui nous regardent*
68   *Du sarcophage à la chemise*
70   Un pillage en direct
72   Du pillage au sauvetage
74   Une tentation trop forte

V   SOUS L'ŒIL DU SAVANT

78   Les précurseurs
80   Momies sur le vif
82   Age du patient : 3200 ans
84   Ramsès II en visite officielle
86   Sur le terrain
88   Des morts éloquents
90   Jusqu'au bout des doigts
92   Ils étaient souvent malades
94   Des premiers aux derniers

TÉMOIGNAGES ET DOCUMENTS

98   Les rites de la mort
102 La momification selon Hérodote
104 Pauvres momies
108 Deux découvertes retentissantes
112 Les momies aux rayons X